本书系"中国古代体育文物调查与数据库建设"项目成果（项目号：15ZDB146）

《中国古代体育文物·华中卷》编委会

主编：毛丽娟

本卷主编：易国忠　王泽湘　尹碧昌　林劲杨　姜　磊　戴建波　安　宏

课题组成员：

中南大学：易国忠　王泽湘　尹碧昌　林劲杨　姜　磊　戴建波　喻跃龙　胡剑宏
　　　　　李　忠　李　彤　蒋冬英　刘　强　胡琰茹　郑　锋　孙大虎　谭　娜
　　　　　周成武　余　玲　刘　越　张依然　勒蕊西　何志斌

周口师范学院：安　宏

中国古代体育文物

主编：毛丽娟　本卷主编：易国忠　王泽湘　尹碧昌　林劲杨　姜磊　戴建波　安宏

华中卷

读者出版传媒股份有限公司
甘肃教育出版社

图书在版编目（CIP）数据

中国古代体育文物. 华中卷 / 毛丽娟主编；易国忠等本卷主编. -- 兰州：甘肃教育出版社，2022.9
ISBN 978-7-5423-5440-2

Ⅰ.①中… Ⅱ.①毛… ②易… Ⅲ.①古代体育－文物－中国 Ⅳ.①K875.4

中国版本图书馆CIP数据核字(2022)第128161号

中国古代体育文物·华中卷

总 主 编	毛丽娟
本卷主编	易国忠　王泽湘　尹碧昌　林劲杨
	姜　磊　戴建波　安　宏

项目策划	薛英昭　孙宝岩
项目负责	谢　璟
责任编辑	伏文东
助理编辑	冯斌婷
封面设计	石　璞

出　版	甘肃教育出版社
社　址	兰州市读者大道568号　730030
网　址	www.gseph.cn　　E-mail　gseph@duzhe.cn
电　话	0931-8436489(编辑部)　0931-8773056(发行部)
传　真	0931-8435009
淘宝官方旗舰店	http://shop111038270.taobao.com

发　行	甘肃教育出版社　　印　刷　兰州人民印刷厂
开　本	890毫米×1240毫米 1/16　印 张 18　插页 4　字 数 228千
版　次	2022年9月第1版
印　次	2022年9月第1次印刷
书　号	ISBN 978-7-5423-5440-2　　定　价　180.00元

图书若有破损、缺页可随时与印厂联系：0931-7365634
本书所有内容经作者同意授权,并许可使用
未经同意,不得以任何形式复制转载

总　序

首席专家　毛丽娟

中国文化历来讲究器以载道，物以承文。体育文物，是人类创造的物质文化和精神文化的物化遗存，作为一定历史时期的社会产物，它也是人类社会历史的一种凝固形态的展现。除了其固有的审美和体育价值外，体育文物还蕴含着丰富多彩的历史、科技、文化等文明信息。以此出发，我们对体育文物的科学研究，除了要更好地保存其物化形态，更重要的是要把其放在相应的时代背景下考察、探寻体育文物赖以产生和存在的社会历史状态，解读它所承载的诸多文明信息。作为一种有着悠久历史的古老文化，中华民族传统体育文化具有民间性、民俗性、民族性和娱乐性，是中华民族传统文化的重要组成部分。

近几十年来，随着我国体育文物在考古中的发掘、发现，体育文物研究成果已为海内外同行所瞩目。究其原因，文物资料较之文献资料而言，既具实证性、可信度，又形象可感，是研究体育发展、体育文化和人类古代体育活动不可或缺的"新材料"，尤其是体育历史的研究更应好好利用体育文物。

体育文物研究的对象很广，从玉器、陶器、瓷器、青铜器、铁器、金银器、木器、骨角器、竹器，到岩画、壁画、砖画、石刻、简牍等，都在研究范围之列。这些文物按时代来分，可分为史前时期体育文物和历史时期体育文物；按存在形态来分，可分为不可移动文物和可移动文物。但基本包括了地下出土文物与地上文物两大类。出土文物有偶发性、不可再生性，数量相对固定，但随着考古学的发展和人们对文物资料的日益重视，散见于各地的体育文物的再发现和再增加，将为今后的体育历史研究提供更加广阔的空间。

在体育文物研究中，最大的问题是如何正确解释文物与体育的关系。尤其是在对古代体育的研究上，要正确地认识和恰当地解释体育文物的功用，必须要有丰富的文献资料相佐证。因而在体育文物研究中，文献资料与文物资料都是不可缺少的。

我国拥有大量的体育文物。这些体育文物见证了我国的悠久历史和灿烂文化，是我们进行体育历史文化研究的重要实物物证。它们在以自己的真实性和形象性帮助人们认识我国体育历史和文化的同时，对于我们提高民族自信心，增强民族自豪感，振奋民族精神也发挥着无可替代的作用。

为切实了解我国现存体育文物的状况并对其进行研究，2015年11月5日，由上海体育学院承担的"中国古代体育文物调查与数据库建设"重大项目获得了国家社科规划办的立项（项目号：15ZDB146）。此后，上海体育学院联合全国30余所大专院校和文博机构的专家学者，分区对全国各地的古代体育文物进行了大规模、长时间、内容广泛的调研。在各地文博部门的大力支持和广大体育专家学者的辛勤努力下，此次体育文物调研工作取得了前所未有的成绩。为了对此次体育文物调研成果进行系统整理和科学总结，"中国古代体育文物调查与数据库建设"课题组编写了这套《中国古代体育文物》丛书。作为"中国古代体育文物调查与数据库建设"项目的成果之一，本套丛书分为西北卷、西南卷、华南卷、华东卷、华北卷、东北卷、华中卷、武艺卷和综合卷共九卷。丛书力图运用图像形式，对本次体育文物调研所获的大量实物资料进行科学的概括和整理，较为全面地记录中国已知的现存古代体育文物状况，反映中国古代体育文物的重大发现和研究成果。

编辑出版多卷本大型体育文物图集在我国尚属首次。作为一项极其复杂艰巨的工作，书中难免有错。不妥之处敬祈广大读者批评指正。

前　言

本卷主编

易国忠　王泽湘　尹碧昌　林劲杨　姜　磊　戴建波　安　宏

华中地区位于中国中部、黄河中下游和长江中游地区，主要为古代楚文化所在地。楚国，是先秦时期位于长江流域的诸侯国之一。其历史悠久，从公元前1115年到公元前223年，历经八百年。据《尚书·禹贡》所言，古中国分为冀、兖、青、徐、扬、荆、豫、梁、雍九州。其中，荆州大体相当于今湖北湖南二省全境，由荆山一带直到衡山之南地域，这也正是当时楚国的核心区域。而黄河中下游主要称为"中原"。春秋末年，楚国疆域向北到达淮、泗之间，向南达到六合、扬州一带。而后，楚灭越国，奄有越地，向南北发展。到战国时期，楚国疆域"南卷沅湘，北绕颍泗。西包巴蜀，东裹郯邳。颍汝以为洫，江汉以为池。垣之以邓林，绵之以方城。山高寻云，溪肆无景。地利形便，卒民勇敢。蛟革犀兕，以为甲胄"，幅员辽阔的楚地孕育了灿烂的楚文化。

楚文化，是我国春秋战国时期南方诸侯国楚国的物质文化和精神文化的总称，是中华文明的重要组成部分。楚国先民最初生活在黄河流域的中原地区，南迁后以中原商周文明特别是姬周文明为基础发展出楚文化。从文化性质来看，楚文化更多地保留了中原姬周文明的特色，同时也吸收了少量蛮夷文化的特点，沿着始则模仿，继则变异，终则别创的发展路径前进。因此，其具有多元的特征和鲜明的个性。据《左传·子革对灵王》中记载："昔我先王熊绎，辟在荆山，筚路蓝缕，以处草莽，跋涉山林，以事天子，唯是桃弧、棘矢，以共御王事。"这体现了楚人艰苦奋斗、自强不息、积极进取、开拓创新的伟大精神。

河南位于我国中东部、黄河中下游，因大部分地区位于黄河以南，故称河南。远古时期，黄河中下游地区河流纵横、森林茂密、野象众多，河南又被形象地描述为人牵象之地，这就是象形字"豫"的来源，也是河南简称"豫"的由来。现今河南大部分地区属九州中的豫州，河南故有"中原""中州"之称。河南是中华民族和中华文明的重要发祥地。中华文明的起源、文字的发明、城市的形成和统一国家的建立，都与河南有着密不可分的关系。

在5000年中华文明史中，河南作为国家的政治、经济、文化中心长达3000多年，先后有20多个朝代在此建都、200多个皇帝在此执政。中国八大古都河南就有4个，即九朝古都洛阳、七朝古都开封、殷商古都安阳、商都郑州。中国古代四大发明均源自河南。洛阳、开封、商丘、安阳、南阳、郑州、浚县、濮阳是全国历史文化名城。

湖南、湖北、河南地区其源远流长的历史不仅见之于文字和传说，而且有丰富的遗存实物作为见证，而见证的"眼睛"即为文物。所谓文物，是人类在社会活动中遗留下来的，具有历史、艺术、体育，科学价值的遗物和遗迹，是人类技术和文化的结晶。

古代体育活动多元兴盛，留下了丰厚的体育史料和文物，成为释读体育及其文化意义的载体。如楚文化作为中原文化和蛮夷文化的融合体，在物质文明上表现为高度发达的青铜文明，在精神文明上表现为礼乐文明和巫神文化。如以湖北省的代表曾侯乙墓来看，出土了曾侯乙之走戈、曾侯與之行戟和曾侯郎之用殳等精妙绝伦的青铜器，以及绘有各类巫舞和乐舞图案的器物；以及战车、弓术、武术、六博、围棋、相扑、摔跤等相关的实物或图案。以湖南省的代表长沙马王堆汉墓来看，出土了漆木器和"太一祝"图等。还有湖南、湖北出土的体育简牍等。此外，从湖南省长沙马王堆汉墓出土的帛书、导引术和养生术等体育文物反映了楚文化在思想和哲学领域以老庄思想为主，提倡追求顺应自然，强调人与自然的和谐统一，即"道法自然""天人合一"的理念。

这些古代的文化形态有的已凝固在岩画、壁画、砖画、绢画、彩陶和简牍等载体上，如，猎人狩猎、官贵人围猎的场景，军事训练中的射箭比赛情况，战争中的弓箭射杀场面，习武中的各种射箭姿态和功法，等等；还有流存至今的狩猎工具或弓、箭、弩等战争武器的文物遗存。

体育文物不仅仅只是博物馆的藏品，其承载的体育文化和象征符号也是传播古代体育文化不可或缺的媒介。研究体育文物，不仅能揭示文物的历史内涵，更能将之与体育相结合，

从而探求体育在历史长河中的嬗变，使得普通大众对于体育文物有一个更深层次的认识。体育文物图像不仅能显示体育的形态，而且还可以通过体育的形式和对体育的历史进行补正、引证、纠正。

我国作为一个历史悠久的文化大国，五千年的文明史留下了丰富而深厚的文化遗产，其中涵盖了文化、艺术、科技等各个领域，体现了中华民族的伟大创造力。文物作为文明程度的象征，是一个国家和民族历史记忆的载体，承载着一个国家和民族的文化，代表着国家的历史和底蕴，显示着民族的渊源和风采。

凡例

一、本书文物图片的选定，主要以近年来华中地区考古发掘中有代表性的体育文物为主，同时有针对性地选择一批国内外各文博、收藏机构中传世的、较具特色的中国古代体育文物，下限至清代末年。

二、本书全部图版按古代体育运动的项目内容分为原始体育、游戏与娱乐、博弈文化、传统武术、养生术等六大类。

三、每幅图版尽可能地附有文字说明，包括名称、时代（部分）、出土时间和地点（或收藏单位）、文物质地等信息。

四、本书图版的文字说明，是在吸收了国内外历史学界、文化史学界、考古学界和体育史学界同类研究成果的基础上编写而成的。

五、为便于国内外研究者查阅参考，图版后附有《主要参考书目》。

目录

001	总序
003	前言
004	凡例

001	第一章　华中地区的原始体育
011	第二章　古代狩猎和弓射的渊源与发展
023	第三章　闲情乐心的游艺
025	一、击壤
025	二、垂钓
027	三、百戏
034	四、斗鸡
036	五、投壶
037	六、风筝
038	七、拔河
038	八、乐舞
087	九、舞狮
088	十、木偶

091	**第四章 "争、胜、赢"的竞技运动**
093	一、御车
105	二、蹴鞠
110	三、马球
112	四、驴鞠
113	五、步打球
114	六、捶丸
115	七、嬉水
116	八、竞渡
118	九、相扑
120	十、摔跤
120	十一、举重
121	十二、马术
133	**第五章 传统武术**
203	**第六章 博弈文化**
221	**第七章 简牍帛书中的体育符号**
231	**第八章 强身益寿的养生术**
249	**结语**
251	**图版索引**
271	**主要参考书目**
273	**后记**

中国古代体育文物·华中卷

第一章

华中地区的原始体育

体育，是随着人类社会的产生而产生的。在原始社会初期，人类在生产劳动和社会实践活动中生发了某些体育活动的雏形。例如，奔跑能使人们逃脱凶猛野兽的追击，还能有助于追逐猎物和获取食物。同时，人们在打猎中学会利用各种各样的物件作为投掷武器，开始是石块、石球、棍棒，而后是矛。狩猎中还发明了弓箭，并通过不断实践，使箭镞不仅能射得远，而且射得准，大大提高了对猎物的杀伤力。狩猎时人们还得用体力和智慧去克服深山丛林、沼泽泥潭、草原荒漠、风雨雪天等各种恶劣环境，从而有效地提高自己的身体素质，如力量、速度、体力、体能等。有学者认为，人类在社会发展的早期阶段无心于体育，人类的整个身心全扑在生存斗争之上。这种观点现在看来有失偏颇。如果没有自我表现和竞争能力，人类就无法生存，更不会进化发展。

原始人的体育才能并不亚于现代人。他们不像我们今天大多数人，为了减肥等功利性目的而做体育运动的消极消费者，而是像猎人、武士那样，是"体育家"。他们的动机就像狩猎和传宗接代的本能一样，是自然而然的。先人不需要体育教育，体育从生至死始终伴随着他们，是一种自然表现。正因为如此，体育遗产研究在当代体育价值体系中开始占据愈来愈重要的地位。

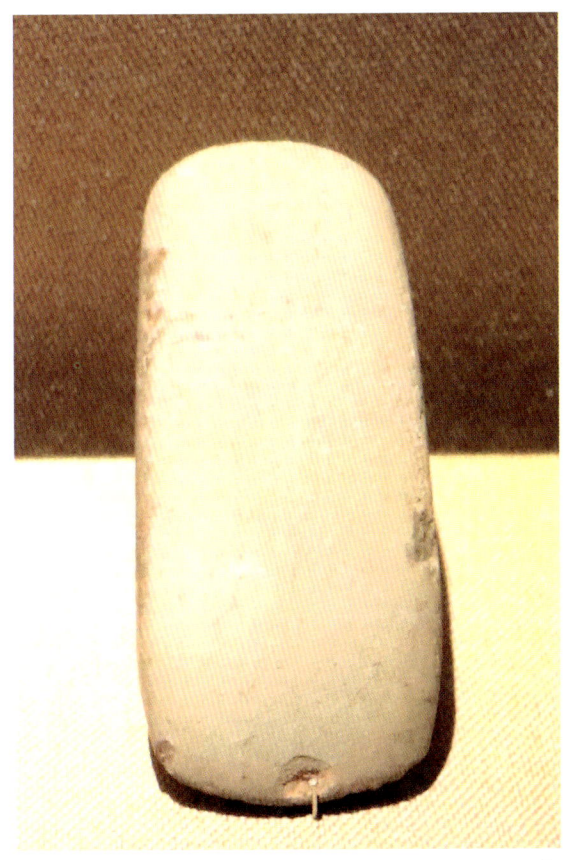

图1-1-1 石斧（新石器时代 距今9000—7800年 2006年湖南张家界武陵源东江采集）

图1-1-2 石斧（新石器时代 距今9000—4200年 1990年湖南常德鼎城韩公渡采集）

图 1-1-3 石斧（新石器时代 距今 9000—7800 年 1983 年湖南常德征集）

图 1-1-4 石斧（新石器时代 距今 9000—7800 年 1990 年湖南常德鼎城韩公渡采集）

图 1-1-5 石斧（新石器时代 距今 9000—7800 年 2006 年湖南张家界武陵源东江采集）

图 1-1-6 双孔石钺（新石器时代 距今 9000—4200 年 1988 年湖南常德安乡划城岗遗址采集）

图1-1-7 石镞（新石器时代石家河文化时期 距今4600—4200年 2000年湖南常德澧县城头山古文化遗址出土）

图1-1-8 石钻（新石器时代石家河文化时期 距今4600—4200年 2000年湖南常德澧县城头山古文化遗址出土）

图1-1-9 石球（新石器时代龙山文化时期 距今4600—4000年 三门峡博物馆藏）

图1-1-10 巨型带槽大石斧（新石器时代石家河文化时期 距今约4300年 湖北天门石家河遗址出土）

图1-1-11 巨型带槽大石斧（新石器时代石家河文化时期 距今约4300年 湖北天门石家河遗址出土）

图 1-1-12 穿孔石刀（商 公元前 1600 年—前 1046 年 2017 年湖南常德石门宝塔遗址出土）

图 1-1-13 陶网坠（商 河南柘城心闷寺遗址出土 商丘博物馆藏）

图 1-1-14 战国嵌金丝铜距末（战国 1999 年湖南常德德山寨子岭出土 湖南博物院藏）

图 1-1-15 陶珠（战国　平顶山博物馆藏）

图 1-1-16 铜箭镞（战国　公元前475—前221年　2009年湖南常德出土）

图 1-1-17 铜飞镖（战国　公元前425—前221年　2008年湖南常德德山恒安纸业工地出土）

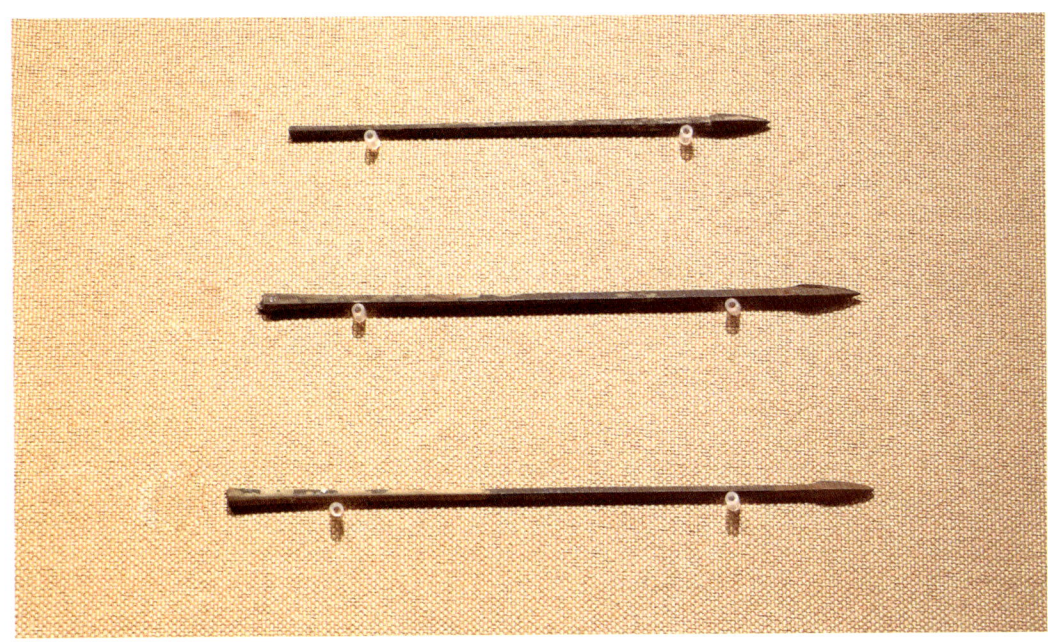

图 1-1-18　铜箭镞（战国　公元前 475—前 221 年　2009 年湖南常德出土）

图 1-1-19　陶弹丸（南阳市博物馆藏）

图 1-1-20 绞胎瓷球（宋 鹤壁市博物馆旧藏）

严格地讲，人类早期的狩猎活动虽不是现代体育运动，但已具备了一定的体育特征，尽管这些特征十分模糊、原始，其中跑、跳、投、射、搏、舞等运动，可以被视作原始体育的实例。这种带有跑、跳、投、射、舞等原始生活所必需的体能训练，启迪了先祖们的竞技体育观念。当这种还不能称之为体育的体能活动日趋发展，以人为中心对身体进行改造而创造价值的活动逐渐滋长后，就向竞技性体育靠近了。另外，用于生产实践活动的某些原始工具向原始体育活动器械功能转化，更加催化了体育运动的发生和形成。

第二章

古代狩猎和弓射的渊源与发展

中国古代体育文物·华中卷

在遥远的古代，弓箭的出现大大增强了人类的实力，其自然地成了原始社会人类防身自卫、狩猎生产的工具。

根据考古发现，约28000年前我国就出现了石镞。随着社会的发展，人们不断地改进追捕猎物的方法，于是就有了"弦木为弧，剡木为矢"，用利箭制服凶猛的野兽，进而获取食物和衣服。

当人类进入阶级社会之后，上层阶级为了争夺财富屡屡发动战争，作为战争重要兵器的弓箭更加受到重视。

图2-1-1 弋射图漆衣箱图（战国 湖北随州曾侯乙墓出土）

图2-1-2 狩猎纹漆樽（战国 1952年湖南长沙颜家岭楚墓出土 湖南博物院藏）

图2-1-3 狩猎纹漆樽图案（战国 湖南长沙楚墓出土）

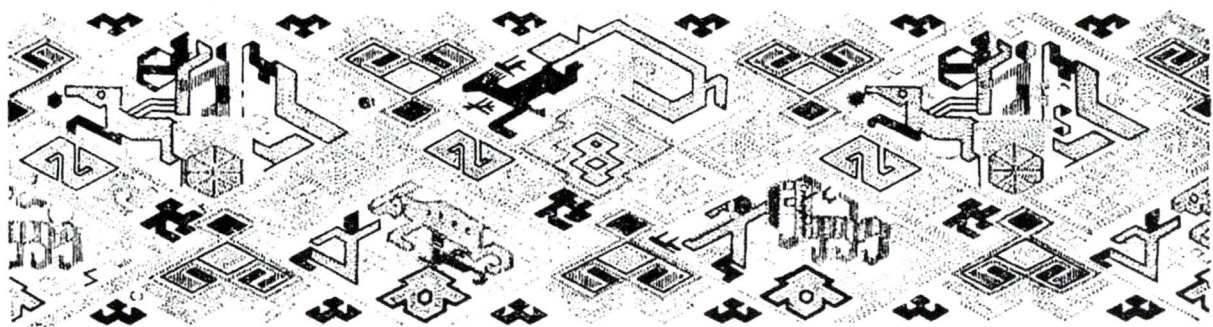

图2-1-4 田猎纹绦图案（战国 湖北江陵马山1号墓出土）

图 2-1-5 漆瑟狩猎宴乐图案（战国 河南信阳长台关 2 号墓出土 湖北省博物馆藏）

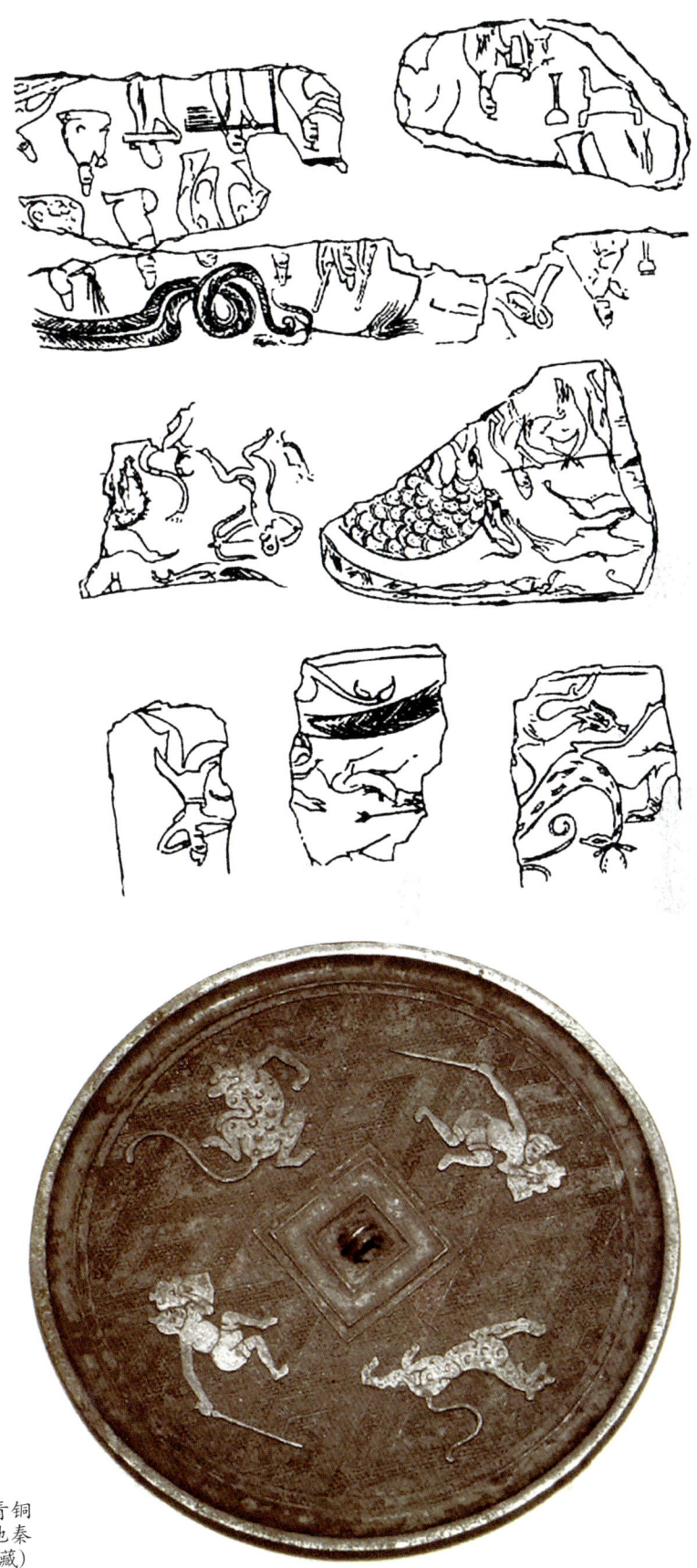

图 2-1-6 武士斗兽纹青铜镜（秦 湖北云梦睡虎地秦墓出土 中国国家博物馆藏）

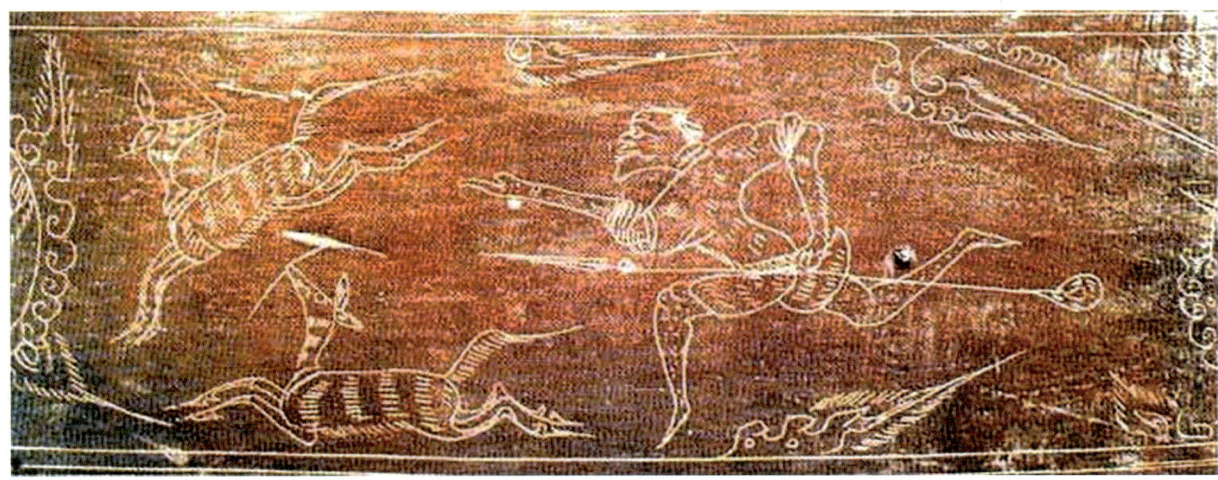

图2-1-7 锥画狩猎纹漆妆奁（西汉 湖南长沙马王堆利豨墓出土）

图 2-1-8 仰射男俑（西汉 河南孟州出土 河南博物院藏）

图 2-1-9 骑马射箭俑（西汉 河南鹿邑长军古瓷博物馆藏）

图2-1-10 绿釉狩猎纹陶壶（汉 1931年河南灵宝阌底出土 河南博物院藏）

图2-1-11 三彩狩猎图纹壶（唐 河南博物院藏）

图2-1-12 架鹰胡人俑（唐 湖南湘阴出土 湖南博物院藏）

图 2-1-13　错金银狩猎纹铜镜（河南洛阳金村东周大墓出土　日本永青文库藏）

华中地区箭术水平之高曾闻名于世。如夏朝有后羿射九日的传说；春秋时期楚国神射手养由基能在百步之外射中杨叶，而且百发百中。射箭由狩猎逐渐演变成一种习武竞赛的运动，之后又在儒家思想的影响下，与礼结合在一起。《礼记·射义》载："射求正诸己，已正而后发。发而不中则不怨胜己者，反求诸己而已矣。"意思是说射礼所体现的是一种道，是一种人生哲理，是培养人的健康的竞争心理。古代射礼十分讲究射手的道德资质《礼记·射义》载："贲军之将、亡国之大夫与为人后者"不得参与。这意味着古代的射箭运动有三种人是没有资格参加的，那就是对敌作战不勇敢的人、对亡国负有责任的官员，以及认贼作父的人。另外，射与礼的结合，增加了娱乐成分，这也可以视为是寓教于乐之一种。

图 2-1-14 漆弓（战国　长 157 厘米　宽 3.5—4.5 厘米　1953 年湖南长沙月亮山 41 号墓出土　湖南博物院藏）

图 2-1-15 木弓（西汉　长 146 厘米　湖南长沙马王堆汉墓出土　湖南博物院藏）

图 2-1-16 木弓（西汉　湖南长沙马王堆汉墓出土）

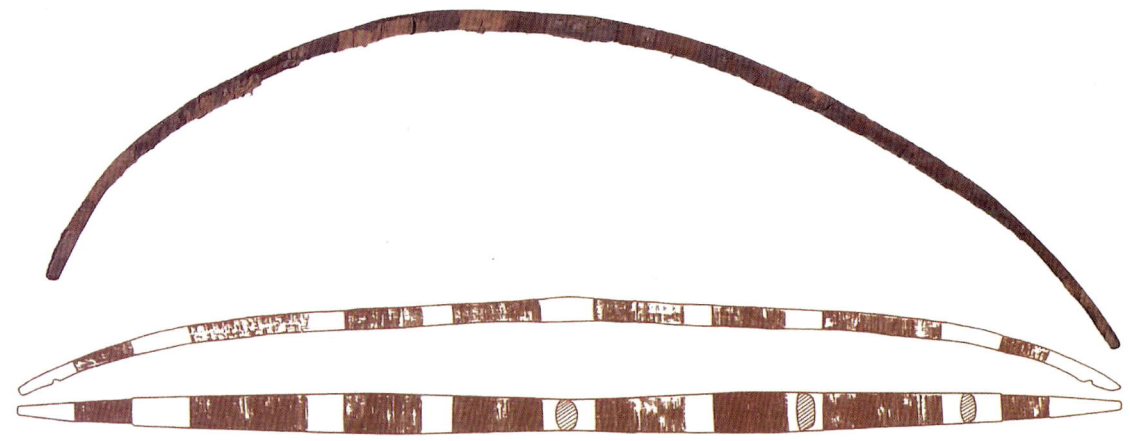

图 2-1-17 竹弓（西汉　湖南长沙马王堆汉墓出土）

华中卷 021

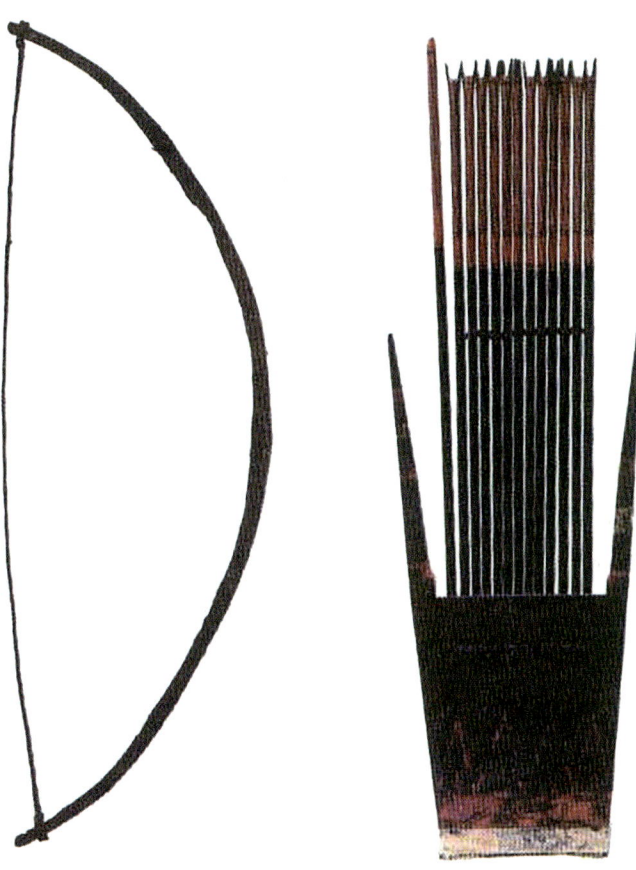

图 2-1-18 弓箭（西汉 湖南长沙马王堆汉墓出土）

图 2-1-19 矢箙、箭（西汉 湖南长沙马王堆汉墓出土）

图 2-1-20 矢箙、箭（西汉 1973年湖南长沙马王堆汉墓出土 湖南博物院藏）

射箭蕴含着丰富的人文精神。《周礼·地官·乡大夫》载："若以岁时祭祀州社，则属其民而读法，亦如之，春秋以礼会民，而射于州序。""州序"，应是州社活动的主要场所。

华中地区，出土的各类器物、墓葬画像石（砖）和简牍中，遗存有丰富的狩猎和弓射的场景，它不仅为我们研究弓箭文化的渊源和演变，开阔了新的视野，而且对研究射箭活动的内涵和体育精神提供了大量新材料。

第三章 闲情乐心的游艺

中国古代体育文物·华中卷

在古代，华中地区的人们休闲方式不仅别出心裁，而且经济实在。梳理古代游艺习俗的描写，游艺发展从"上"到"下"，由"雅"到"俗"，从中可以窥见当时人们的生活习俗、审美情趣和精神状态，以及可以发现蕴含其中的哲理境界和浓郁的文化意蕴。

游艺是民俗体育中最常见、最普遍、最有趣的娱乐活动，在人们生活中占有重要的位置。虽然那些曾经的乐趣，正在一步步远离我们的生活，但在今天我们在现实生活中仍能见到它影影绰绰的身影，有些甚至至今影响着我们的生活和娱乐。

古人对美好生活的热爱、追求与向往，通过游艺活动自然地、自由地、诗意地体现，这也许正是我们今天的休闲娱乐追求的本质所在。

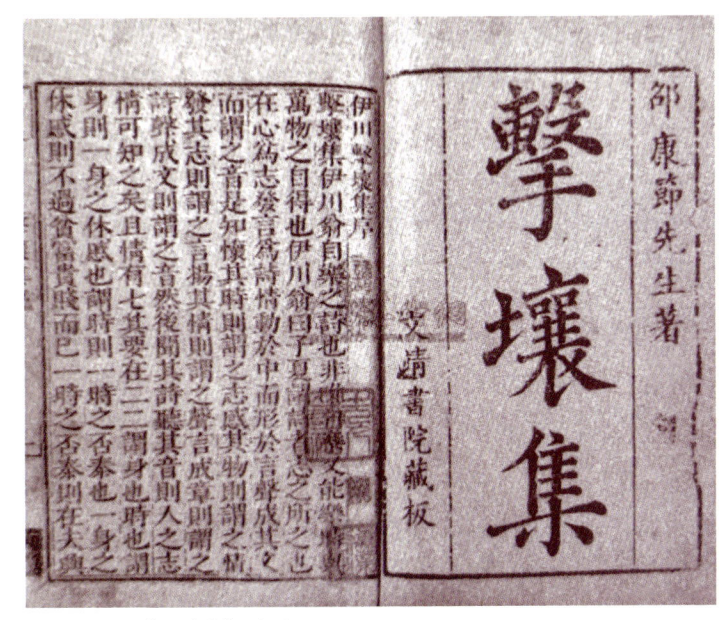

图3-1-1 《击壤集》书影

一、击壤

击壤，是古代的一种投掷游戏。邯郸淳在《艺经》上记载得比较清楚。他说"壤，以木为之，前广后锐，长尺四，阔三寸，其形如履。将戏失侧一壤于地，遥于三四十步，以手中壤敲之，中者为止。"击壤之戏，起源甚早。据传唐尧时期有老人击壤于道，而唱击壤歌。击壤之戏在晋代也很流行。如《太平御贤》卷七百五十五《击壤》载："玄晏（皇甫谧号玄晏先生）曰：十七年与姑子果柳等击壤于路。"皇甫谧的《高士传》中也记有"尧民击壤"的故事。

壤，瓦石也。与击壤之戏相似，宋代在河南盛行抛堶之戏。其也是一种投掷游戏，它一直延续至今仍为儿童所喜爱。《荆楚岁时记》载有在古代湖南、湖北每当寒食节就盛行抛堶游戏的记录。

二、垂钓

垂钓是流行于湖南、湖北、河南等地区的一项具有悠久历史的休闲娱乐活动。垂钓起源于古代的渔业生产。在我国考古发现的史前遗址中，挖掘出许多骨质的钓钩，说明垂钓在我国有着悠久的历史。

钓竿是垂钓的重要工具，古代的钓竿多用于竹子制成。汉代钓竿长约4-5米，大大提高了钓竿的技术性能。到了唐代，发明了轮竿，既能适应深浅不同的水域，也便于钓线的收纳。

图 3-2-1 铜鱼钩（西周 湖北武汉新洲香炉山出土）

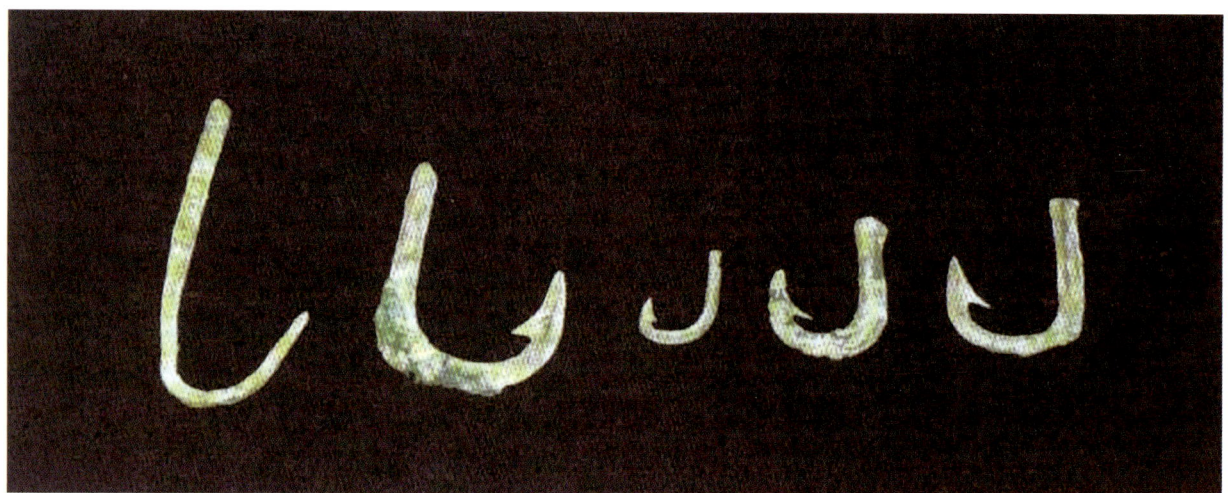

图 3-2-2 山水图垂钓（清 袁耀 纸本 宽 24.5 厘米 长 30.2 厘米 湖北省博物馆藏）

有关垂钓的记载，在古代诗词歌赋中有不少精言妙语，描写了钓鱼的情景，生动地反映了钓鱼在当时的风行。

当前，垂钓早已成为一项国际性的体育比赛项目。每年都举行各种比赛，其主要是比谁钓得多，谁把鱼钩甩得远，娱乐性极强。

三、百戏

百戏是杂技、幻术、俳优侏儒戏、角抵、驯兽等各种节目的总称。它广泛流行于湖南、湖北、河南的民间，与俳优歌舞杂奏（民间俗乐）合称为散乐。早在秦汉时期就出现了弄

图 3-3-1　斜索戏车画像砖（东汉　陶质　残存长 62 厘米　宽 32 厘米　河南新野任营采集　河南博物院藏）

丸、跳剑、弄瓶、舞帛、倒立、力技、掷倒伎、撞杆立等等。这些百戏活动不仅在宫廷经常举行，民间亦随处可见。欣赏这些丰富多彩，争奇斗艳的百戏，成为当时人们休闲娱乐的一个重要方式。

图3-3-2 乐舞百戏图（河南唐河辛店汉墓出土）

图3-3-3 倒立俑（东汉 1997年河南洛阳偃师北窑出土 高9.5厘米 洛阳市文物局藏）

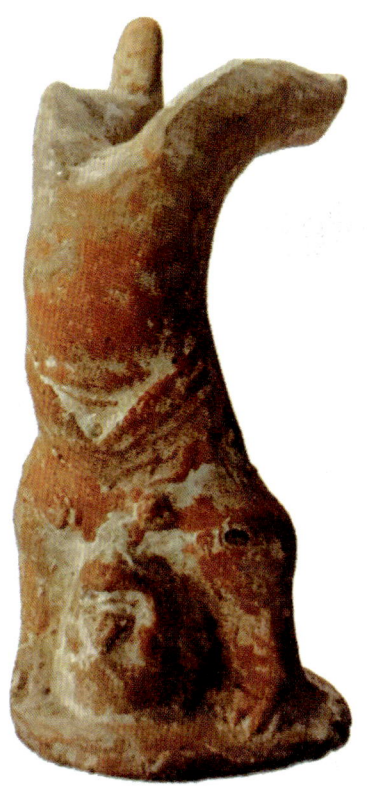

图3-3-4 倒立俑（汉 红陶 高10厘米 河南济源轵城泗涧沟出土 河南博物院藏）

图3-3-5 百戏俑（东汉 1992年河南洛阳东北郊出土 高6—10.5厘米 洛阳市文物局藏）

图3-3-6 百戏俑（东汉 1987年河南洛阳涧西出土 高6—12厘米 洛阳市文物局藏）

图3-3-7 百戏俑（1997年河南洛阳偃师北窑出土 高9.5—14.5厘米 洛阳市文物局藏）

图 3-3-8 红陶倒立百戏俑
（汉 河南济源轵城出土 河南博物院藏）

图 3-3-9 彩绘陶杂技俑
（汉 1993年河南洛阳苗南出土 洛阳博物馆藏）

图 3-3-10 灰陶倒立俑
（汉 河南博物院藏）

图 3-3-11 彩绘陶百戏俑尊（东汉
河南洛阳七里河出土 高24厘米）

图 3-3-12 陶百戏俑（东汉 河南洛阳烧沟
出土 高15.9厘米 河南博物院藏）

图3-3-13 杂剧人物砖雕（北宋 一组5块 均长37厘米 宽17厘米 厚4.3厘米 1991年4月河南焦作温县西关三街宋墓出土）

图3-3-14 倒立木雕像（益阳市博物馆藏）

图 3-3-15 梅山神张五郎木雕像（清）

图 3-3-16 梅山神张五郎木雕像（清 征集）

图 3-3-17 梅山神张五郎木雕像（清 征集）

四、斗鸡

斗鸡是一项历史非常悠久的游戏。它早在西周时期就开始流行，汉朝历代帝王和宗室贵戚大臣都热衷于斗鸡，如河南的汉代墓葬画像石中就有多处斗鸡的场面。之后，斗鸡之风一直十分盛行，深入到了封建社会的各个阶层。

斗鸡之风的盛行，致使许多文人士大夫们创作了大量以斗鸡为题材的诗词歌赋等作品。敦煌文献也有斗鸡场景的诗作，反映了当时斗鸡的选种、喂养、训练等，每年的正月初三大多是斗鸡比赛的日子。比赛之前要选择好斗鸡坑等准备事项，其主持人叫"鸡头"，也是斗鸡的裁判。

斗鸡之风自先秦一直流行至明清时期，并逐渐形成了一种民间较为普及的娱乐活动。

图 3-4-1 斗鸡汉代画像石（汉 河南长葛出土 河南博物院藏）

图 3-4-2 斗鸡纹拓片（汉 郑州博物馆藏）

图 3-4-3 斗鸡图（清 佚名 纸本墨笔 民间收藏）

五、投壶

投壶是由古代礼射演变而来的一种游戏。先秦时期，投壶就开始在上层社会流行。早期的投壶是一种礼仪，有一套非常繁琐的程式和规矩。到了汉代投壶成为儒士的高雅活动。河南南阳汉画像石中有《投壶图》，湖南、湖北也先后发现了有关投壶的遗物。魏晋以后，投壶花样翻新，隋唐时期，投壶更为盛行，甚至连妇女也非常喜好投壶游戏。唐人的诗作中有许多关于投壶的描绘。清代由于投壶过分讲究礼仪，致使投壶的乐趣大大减少，从而束缚了这项运动的发展，并逐渐走向了衰亡。

图 3-5-1　投壶图（汉　画像砖　南阳汉画馆藏）

图 3-5-2　螭虎纹铜投壶（明　通高 50 厘米　口径 7.3 厘米　湖南博物院藏）

图 3-5-3　动物纹青铜投壶（明　通高 53 厘米　口径 8.2 厘米　湖南博物院藏）

六、风筝

风筝，古代称纸鸢，是我国民间广为流行的一项传统娱乐活动，尤为广大儿童、妇女喜爱。相传早在春秋战国时期，著名工匠鲁班就曾制木鸢飞上天空。古代纸鸢还寓意能够放掉晦气，再加传递信息这一实用功能，所以深受人们的喜爱。

风筝，从历史中和着春风一路飞来，大放异彩，在今天已然成为最为普及的娱乐健身活动之一。

图 3-6-1 婴戏图（清 焦秉贞 绢本 长 118.5 厘米 宽 28.5 厘米 湖北省博物馆藏）

七、拔河

拔河是历史十分悠久的传统群众性娱乐活动。据传拔河起源于古代的水战，早在春秋战国时期，水军作战时，为了更好地展开搏杀，就发明了一种叫"钩强"的战具，可以把对方的船只拖住或推开。所以，古代将拔河称之为"牵钩""拖钩"等。拔河在南北朝时期，湖北、湖南的襄阳、南郡一带十分盛行，并成为当时寒食节的一种民俗游戏活动。唐代之后，拔河更是宫廷的一项重要娱乐活动，经常举行千人以上的盛大拔河活动，连宫女们也常参加此项活动。之后，拔河在各朝代都十分流行，直至清代在甘肃临潭还每年举行一次万人拔河比赛，此风俗一直沿袭至今。

拔河是项有效锻炼力量的集体性体育活动，在我国各地经常举行拔河比赛，深得人们的喜爱。

八、乐舞

乐舞自奴隶社会开始在人类社会生活中扮演了重要角色。古代所谓的"乐"，往往是指音乐、舞蹈、诗歌相结合的艺术形式，有时也单指音乐或舞蹈。当然，有舞必有乐，所以"乐"常指乐舞。

从原始社会起，人们就喜欢通过乐舞来表达自己的思想情感。尤其在湖南、湖北、河南地区，古人留下了不少乐器和乐舞遗物，查阅有关文献记载，对这些珍贵的考古文物和文献资料梳理可以发现：

乐舞是一把打开中国体育历史之门的钥匙。历史上丝绸之路沿线的各地区，是热情奔放的歌舞之乡。自汉代以来，印度乃至罗马的歌舞经过丝绸之路，辗转传入中国北方和南方，与中国的乐舞融合，对融音乐、舞蹈、杂技、角抵、武术等于一体的中国古代体育的形成起了很大的作用。

乐教是中国传统文化的一个重要组成部分，也是早期艺术、体育教育的重要形式，它与诗教成为塑造人格和艺术、体育精神的双璧。纵观古今中外，各种不同艺术、体育门类中均有"乐"的影子，均有"以乐论艺、论体"的现象存在。不同种族、文化的人们均有重视"乐"的传统精神。人们可以清晰地发现乐舞之节奏、旋律广泛存在于各种不同艺术、体育门类之中，因为乐舞之表情写意的抒发功能远胜于其他艺术。可以说，不仅中华文化传统中一直融合有乐舞精神，例如《诗经》《楚辞》《庄子》、唐诗、宋词、元曲等，而且乐舞

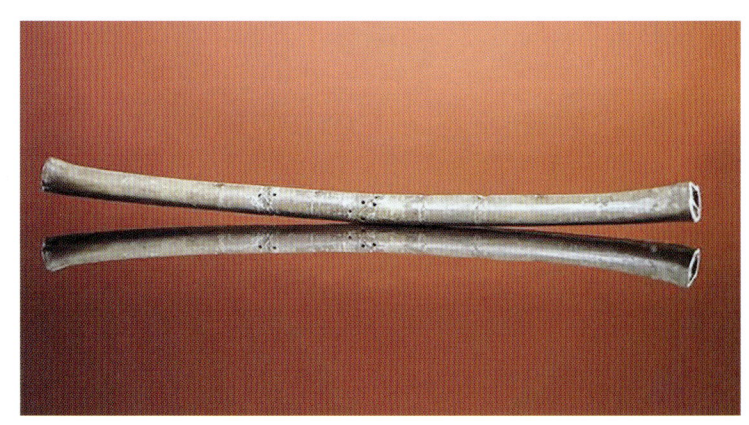

图 3-8-1　骨笛（新石器时代　长 23.6 厘米　河南舞阳贾湖遗址出土　河南博物院藏）

图 3-8-2 舞蹈纹陶片（西周 长 4.2 厘米 宽 4 厘米 厚 0.4 厘米 1982 年湖南衡阳周子头古越遗址出土 衡阳市博物馆藏）

图 3-8-4 骨排箫（西周 骨质 最长管 32.7 厘米 最短管 11.8 厘米 1997 年河南鹿邑太清宫长子口墓出土）

图 3-8-3 骨排箫出土现场图

图 3-8-5 崇阳铜鼓（商 1977 年湖北崇阳出土 湖北省博物馆藏）

图 3-8-6 鄂侯铜编钟（西周 高 15.6—27.4 厘米 河南南阳新店夏响铺墓地出土 河南博物院藏）

图 3-8-7 编钟（东周 河南洛阳出土 洛阳博物馆藏）

图 3-8-8 郑国东周祭祀遗址编钟出土现场图

图 3-8-9 郑国祭祀青铜编钟（春秋 1996年河南新郑郑国祭祀遗址出土 河南博物院藏）

图 3-8-10 编钟（汉 湖南博物院藏）

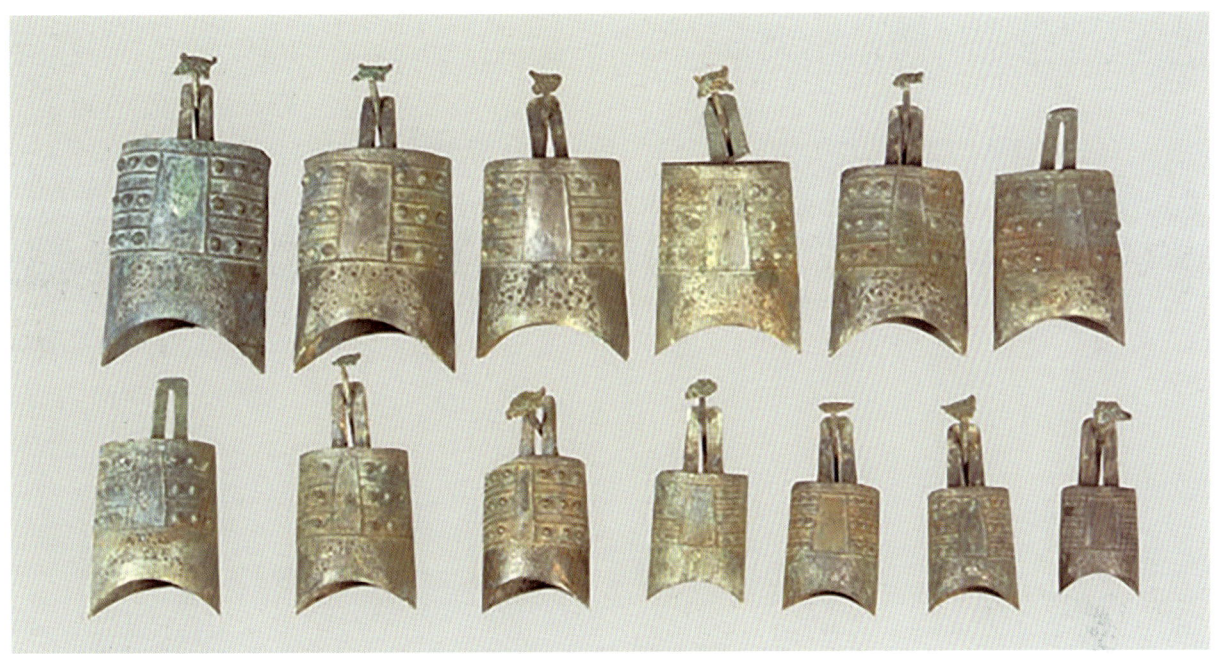

图 3-8-11 青铜编钟（战国 驻马店市博物馆藏）

图 3-8-12 青铜编钟（战国 平顶山博物馆藏）

图 3-8-13 彩绘石编磬（战国 全长 46.5 厘米 通高 17.6 厘米 厚 3.8 厘米 孔径 2.5 厘米 湖北江陵纪南城南郊采集 湖北省博物馆藏）

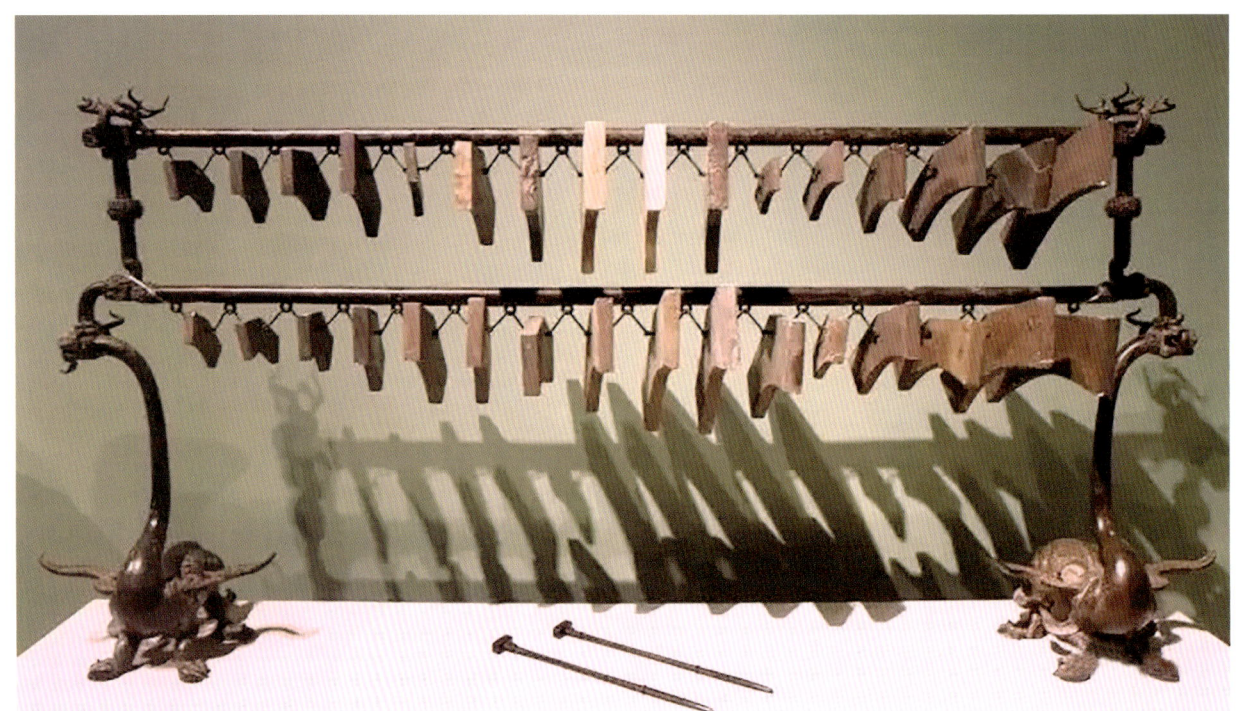

图3-8-14 编磬（秦 湖北随州曾侯乙墓出土 通高109厘米 宽215厘米 湖北省博物馆藏）

图3-8-15 编钟（秦 湖北随州云梦睡虎地出土 钟高92.5厘米 湖北省博物馆藏）

图 3-8-16 漆木建鼓（战国 湖北枣阳九连墩1号墓出土 通高280.6厘米 鼓身长66.4厘米 口径56厘米 湖北省博物馆藏）

图 3-8-17 陶埙（战国 高4.3—7.3厘米 1951年河南辉县琉璃阁150号墓出土 河南博物院藏）

图 3-8-18 漆木琴（战国 通高25厘米 直径2厘米 湖北枣阳九连墩2号墓出土 湖北省博物馆藏）

在各种艺术、体育中的贯通也是一种极其普遍的现象，西方艺术、体育同样也不例外。从艺术和体育的审美特征上看，乐舞从其诞生的那一刻起，就带有浓郁的美学意味。通过对乐舞表演气韵、意境的分析可一窥全貌。并从中体悟出艺术和体育的韵味。艺术和体育实质上就是人类生存方式之"道"，尤其是中国传统文化非常强调现实人生的理性化色彩，所以，在审美的价值追求上往往并非为审美而审美，而是在生活中强化审美的感受，在审美的体验中追求生活的意义。

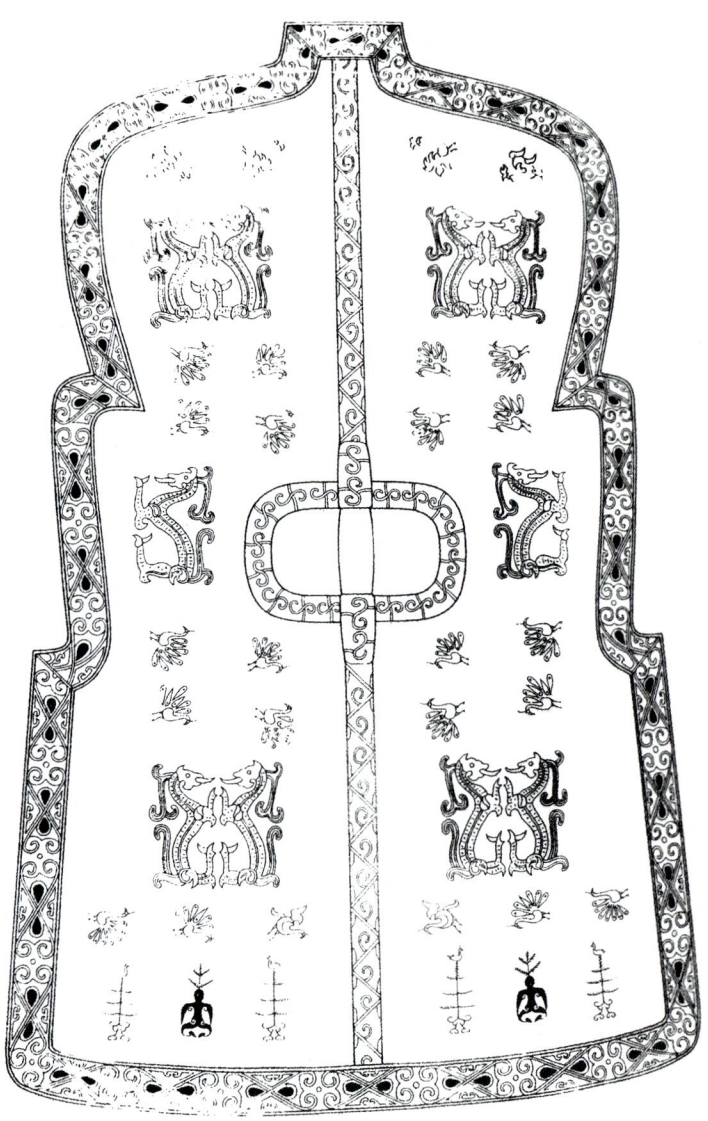

图3-8-19 人龙凤翔舞漆盾图（战国）

图3-8-20 巫舞图案（战国 湖北随州曾侯乙墓出土）

图 3-8-21 曲裾袍舞女玉佩（战国 河南洛阳金村出土）

图 3-8-22 舞人动物纹锦（战国 湖北江陵马山出土）

图 3-8-23 漆绘木梳乐舞图（秦 湖北江陵出土）

图 3-8-24 瑟（西汉 湖南长沙马王堆出土 湖南博物院藏）

图 3-8-25 二十五弦瑟（西汉 湖南长沙马王堆汉墓出土 长 116 厘米 宽 39.5 厘米 高 10.8 厘米 湖南博物院藏）

图 3-8-26 木瑟（西汉 长 124.4 厘米 宽 41.6 厘米 通高 11.6 厘米 湖南长沙望城坡古坟垸一号墓出土 湖南博物院藏）

图 3-8-27 竽（西汉 湖南长沙马王堆汉墓出土 通长 78 厘米 竽斗径 10 厘米 竽嘴长 28 厘米 湖南博物院藏）

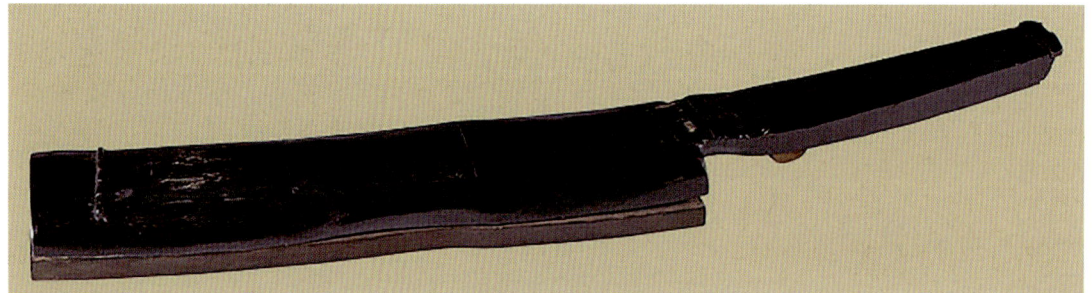

图3-8-28 七弦琴（西汉 湖南长沙马王堆汉墓出土 长81.5厘米 宽12—12.6厘米 通高13.3厘米 湖南博物院藏）

图3-8-29 彩绘舞蹈伎乐陶俑群（西汉 高14.8—23.6厘米 河南尉氏出土 河南博物院藏）

图3-8-30 相和歌俑（西汉 河南济源轵城泗涧沟汉墓出土 河南博物院藏）

图 3-8-31 奏乐俑（西汉 1972年湖南长沙马王堆汉墓出土 高32.5—38厘米 湖南博物院藏）

图 3-8-32 白玉舞人佩（西汉 长4.6厘米 宽2.5厘米 1986年河南永城芒砀山汉墓出土 河南博物院藏）

图3-8-33 乐舞画像石（西汉 长160厘米 高40厘米 南阳汉画馆藏）

图3-8-34 踏鼓舞蹈彩绘陶俑（西汉 底座长6.4厘米 宽5.8厘米 高15厘米 许昌博物馆藏）

图3-8-35 褐釉击掌陶俑（西汉 底座长7厘米 宽6.5厘米 高14.5厘米 许昌博物馆藏）

图3-8-36 灰陶舞俑（西汉 河南济源轵城泗涧沟出土 河南博物院藏）

图3-8-37 吹箫俑（东汉 1997年河南洛阳偃师北窑出土 高12.5厘米 洛阳市文物局藏）

图3-8-38 吹奏俑（东汉 1997年河南洛阳偃师北窑出土 高12.5厘米 洛阳市文物局藏）

图3-8-39 吹奏俑（东汉 1997年河南洛阳偃师北窑出土 高12厘米 洛阳市文物局藏）

图3-8-40 抚琴俑（东汉 1954年河南洛阳出土 高8.6厘米 洛阳市文物局藏）

图3-8-41 抚琴俑（东汉 1992年河南洛阳东北郊出土 高8厘米 洛阳市文物局藏）

图 3-8-42 七盘女舞俑（东汉 1972年河南洛阳涧西七里河出土 高12.8厘米 洛阳市文物局藏）

图 3-8-43 舞俑（东汉　1987 年河南洛阳涧西七里河出土　洛阳市文物局藏）

图 3-8-44 乐舞俑（汉　郑州博物馆藏）

图 3-8-45 乐舞俑（汉 河南济源出土）

图 3-8-46 舞乐百戏陶俑（汉 南阳市博物馆藏）

图 3-8-47　建鼓舞画像石（汉　南阳汉画馆藏）

图 3-8-48　拳勇、熊画像石（汉　南阳汉画馆藏）

图 3-8-49　舞乐画像石（汉　南阳汉画馆藏）

图3-8-50 乐舞(汉 河南博物院藏)

图3-8-51 许阿瞿观舞赏乐画像石(汉 南阳汉画馆藏)

图 3-8-52 汉代乐舞画像石（拓片）（东汉 长 150 厘米 宽 42 厘米 1973 年河南南阳王寨出土 南阳汉画馆藏）

图 3-8-53 女子踏鼓舞（汉 河南郑州二里岗乐舞画像砖墓出土 河南博物院藏）

图 3-8-54 宴乐汉画像石（汉 长 189.4 厘米 宽 45.7 厘米 厚 30.5 厘米 商丘博物馆藏）

图3-8-55 七人奏乐灯（东汉 1965年湖南长沙五里牌1号墓出土 通高13.6厘米 灯盘口径22厘米 湖南博物院藏）

图3-8-56 编钟（汉 河南博物院藏）

图 3-8-57 长袖曼舞图（汉 河南偃师高龙辛村汉墓出土 偃师商城博物馆藏）

图 3-8-59 双舞人玉（汉 长 4.6 厘米 宽 3.1 厘米 厚 0.3 厘米 1973 年河南永城芒山保安山出土 商丘博物馆藏）

图 3-8-58 乐舞百戏画像镜（东汉 南阳市博物馆藏）

图 3-8-60 青瓷对坐奏乐俑（晋 1958 年湖南长沙金盆岭晋墓出土 高 16.5 厘米 底座长 14.6 厘米 宽 6.8 厘米 湖南博物院藏）

图 3-8-61 马上伎乐俑（魏晋 郑州博物馆藏）

图 3-8-62 吹笙引凤画像砖（南朝 河南邓州出土 河南博物院藏）

图 3-8-63 女子双人对舞画像砖（北朝 河南邓州出土 河南博物院藏）

图 3-8-64 南山四皓画像砖（南朝 长38厘米 宽19厘米 厚6厘米 河南博物院藏）

图 3-8-65 彩绘吹箫女俑（北魏 1965年河南洛阳老城东北元邵墓出土 高12.3厘米 洛阳市文物局藏）

图 3-8-66 砖座舞蹈人物青铜俑（南北朝 1983年湖南津市孽龙岗南朝墓出土 高27.5厘米 湖南博物院藏）

图 3-8-67 彩绘吹箫俑（北魏 1990 年河南洛阳偃师南蔡庄出土 高 29.5 厘米 洛阳市文物局藏）

图 3-8-69 彩绘抚琴女俑（北魏 1965 年河南洛阳老城东北元邵墓出土 高 12.4 厘米 洛阳市文物局藏）

图 3-8-68 彩绘击鼓男俑（北魏 1965 年河南洛阳老城东北元邵墓出土 高 18.5 厘米 洛阳市文物局藏）

图 3-8-70 彩绘击乐俑（北魏 1965 年河南洛阳老城东北元邵墓出土 高 12.5 厘米 洛阳市文物局藏）

图 3-8-71 彩绘琵琶俑（北魏 1990年河南洛阳偃师南蔡庄出土 高12厘米 洛阳市文物局藏）

图 3-8-72 彩绘骑马击鼓男俑（北魏 1965年河南洛阳老城东北元邵墓出土 高23.9厘米 洛阳市文物局藏）

图 3-8-73 黄釉乐舞人物扁壶（北齐 高20厘米 宽16.5厘米 口径6厘米 郑州博物馆藏）

图3-8-74 彩绘陶伎乐女俑（隋 高17—19厘米 1959年河南安阳张盛墓出土 河南博物院藏）

图3-8-75 伎乐女俑（隋 高19.5厘米 河南安阳出土 河南博物院藏）

图3-8-76 奏乐（唐 河南博物院藏）

图 3-8-77 青釉伎乐俑（隋 共9件 高21—21.5厘米 底径7—7.5厘米 2008年河南安阳龙安隋墓出土 安阳博物馆藏）

图 3-8-78 箜篌伎乐俑（高21.5厘米 底径7厘米）

图 3-8-79 持钹伎乐俑（高21厘米 底径7厘米）

图 3-8-80　排箫伎乐俑（高 21 厘米　底径 7 厘米）

图 3-8-82　笙伎乐俑（高 21 厘米　底径 7 厘米）

图 3-8-81　箫伎乐俑（高 21 厘米　底径 7 厘米）

图 3-8-83　笛伎乐俑（高 21.5 厘米　底径 7 厘米）

图 3-8-84 站立伎乐俑（高 21 厘米 底径 7.5 厘米）

图 3-8-85 舞俑-1（高 21 厘米 底径 7 厘米）

图 3-8-86　舞俑-2（高 21 厘米　底径 7 厘米） 　　图 3-8-87　捧鼓女侍俑（隋　荆门市博物馆藏）

图 3-8-88 绘彩伎乐俑（唐　高 13—17 厘米　1992 年 11 月河南巩义北窑湾唐墓出土　河南省文物考古研究院藏）

图 3-8-89 加彩舞人俑（唐　河南博物院藏）

图 3-8-90 舞俑（唐 洛阳博物馆藏）

图 3-8-91 胡人舞蹈俑（唐 木质 焦作市博物馆藏）

图 3-8-92 舞伎（唐 河南洛阳龙门石窟古阳洞出土）

图 3-8-93 舞伎（唐 河南洛阳龙门石窟极南洞出土）

图3-8-94 舞伎（唐 河南洛阳龙门石窟万佛洞出土）

图3-8-95 舞伎-1（唐 河南洛阳龙门石窟出土）

图 3-8-96　舞伎 -2（唐　河南洛阳龙门石窟出土）

图 3-8-97　舞伎（唐　河南洛阳龙门石窟莲花洞出土）

图 3-8-98 彩绘伎乐俑-1（唐 1995年河南巩义站街王沟墓葬出土 巩义市博物馆藏）

图 3-8-100 彩绘伎乐俑-3（唐 1995年河南巩义站街王沟墓葬出土 巩义市博物馆藏）

图 3-8-99 彩绘伎乐俑-2（唐 1995年河南巩义站街王沟墓葬出土 巩义市博物馆藏）

图 3-8-101 岳州窑青瓷打钹伎乐俑（唐 高19厘米 1976年湖南长沙西郊咸家湖小学一号墓出土 湖南博物院藏）

图3-8-102 岳州窑青瓷弹箜篌伎乐俑（唐 高17.7厘米 1976年湖南长沙西郊咸家湖小学一号墓出土 湖南博物院藏）

图3-8-103 岳州窑青瓷击鼓伎乐俑（唐 高17.7厘米 肩宽5厘米 1976年湖南长沙西郊咸家湖小学一号墓出土 湖南博物院藏）

图3-8-104 彩绘伎乐俑（唐 河南博物院藏）

图 3-8-105 彩绘伎乐俑（唐 河南洛阳孟津岑氏墓出土 洛阳博物馆藏）

图 3-8-107 舞人砖雕（唐 河南安阳修定寺唐塔出土 高 54.6 厘米 宽 12.7 厘米 厚 9.5 厘米 美国旧金山亚洲艺术博物馆藏）

图 3-8-106 褐彩舞人贴花壶（唐 湖南衡阳出土）

图 3-8-108 腰鼓砖雕（宋 开封市博物馆藏）

图 3-8-109 抚琴引凤镜（唐 直径 16 厘米 缘厚 0.6 厘米 1985 年 4 月河南信阳商城出土 河南博物院藏）

图 3-8-110 三乐镜（唐 三门峡博物馆藏）

图 3-8-111 七弦琴（唐 长 120.4 厘米 宽 20 厘米 湖南博物院藏）

图 3-8-112　石泉七弦琴（南宋　长121厘米　宽19.2厘米　厚4厘米　河南博物院藏）

图 3-8-113　伏羲式古琴（宋　长123.0厘米　宽20.5厘米　河南博物院藏）

图 3-8-114　列子式潞王琴（明　长120.7厘米　宽18.5厘米　新乡市博物馆藏）

图 3-8-115　蕉叶式"飞泉漱玉"琴（明　长123厘米　宽20厘米　河南博物院藏）

图3-8-116 "大晟"编钟（宋 开封博物馆藏）

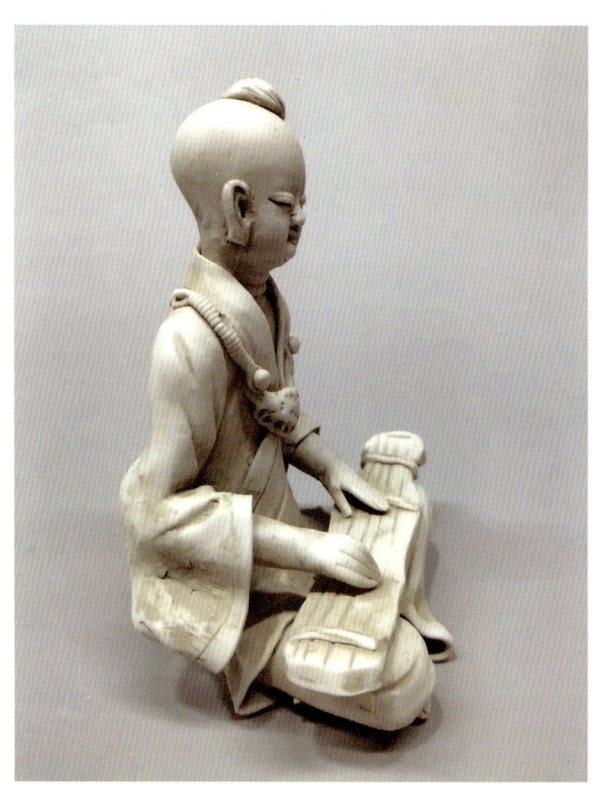

图3-8-117 瓷塑童子弹琴（宋 民间收藏）

图3-8-118 吹奏俑（宋 郑州博物馆藏）

图 3-8-119 吹奏图彩绘砖画（南朝 1958年河南邓州出土）

图 3-8-120 散乐人物砖雕-1（宋 长37厘米 宽18厘米 厚4.3厘米 1991年河南焦作温县出土）

图 3-8-121　散乐人物砖雕-2（宋　长37厘米　宽18厘米　厚4.3厘米　1991年河南焦作温县出土）

图 3-8-122　散乐人物砖雕-3（宋　长37厘米　宽18厘米　厚4.3厘米　1991年河南焦作温县出土）

图 3-8-123 散乐人物砖雕-4（宋 长37厘米 宽18厘米 厚4.3厘米 1991年河南焦作温县出土）

图 3-8-124 散乐人物砖雕-5（宋 长37厘米 宽18厘米 厚4.3厘米 1991年河南焦作温县出土）

图 3-8-125 杂剧人物砖雕（宋金时期 河南洛宁小界出土）

图 3-8-126 散乐人物砖雕及拓片（宋 河南焦作温县前东南五村宋墓出土）

图 3-8-127 乐童砖雕（金 高 39 厘米 河南焦作西冯封出土）

九、舞狮

舞狮来自西域，作为佛教的伴随物进入东亚，与东亚各地区的信仰与民俗融合，并取代了一些地方原有的瑞兽崇拜和拟兽演艺，成为迄今为止流传最广、影响最大、最有"人气"的一种拟兽演艺。

狮子演艺来自狮子崇拜。狮子辟邪驱鬼的说法，以及在宫殿、住宅门前立一对石狮子守卫的做法，历史上兴起于魏晋时期。最早的文献记载，狮子演艺出现于三国时期的魏。古人们认为，狮子是兽类中威武而瑞祥之物，便将古时的"舞年"改称为"舞瑞狮"。

唐代舞狮发展成为两大系统，其一是"西凉伎"，其二是"五方狮子舞"。明朝时期，舞狮风气更为盛行，并糅合舞蹈及武术动作，成为娱乐性极强的一项观赏演艺。

古人将狮子当作勇敢和力量的象征，认为它能驱邪镇妖、保佑人畜平安。所以人们逐渐形成了在元宵节及其他重大活动舞狮的习俗，以祈望生活吉祥如意，事事平安。

图 3-9-1 人骑狮纹青瓷唾壶（西晋 湖北鄂州钢厂 630 工地 5 号墓出土）

十、木偶

木偶在我国有着悠久的历史，尤其是儿童玩木偶在历代极为盛行，之后又有成年人表演木偶戏，孟元老的《东京梦华录》、吴自牧的《梦粱录》中多有记载。1976 年河南省济源考古发现一件宋代三彩瓷枕，其上绘有一小儿坐地玩木偶的图像。另外在历代石窟壁画、明清绘画中也有儿童玩木偶游戏、成年人表演木偶戏的场景出现。如明代仇英的《清明上河图》中就有木偶戏表演。

图3-10-1 三彩童子傀儡戏枕（宋 高9.8—11厘米 面长48.5—48.8厘米 面宽17—18厘米 底长47.6厘米 底宽13.9厘米 河南济源勋掌镇安寺出土 河南博物院藏）

图3-10-2 婴戏图（局部）
（清 湖北省博物馆藏）

图3-10-3 婴戏图（局部）（清 湖北省博物馆藏）

第四章 「争、胜、赢」的竞技运动

中国古代体育文物·华中卷

御车、蹴鞠、马球、驴鞠、步打球、捶丸、嬉水、竞渡、相扑、摔跤、举重、马术竞技运动主要指各种形式的以赛体力、赛技巧、赛技艺为内容,以争、胜、赢为目的的娱乐活动。湖南、湖北、河南地区的竞技活动主要有御车、马球、蹴鞠、步打球、捶丸、嬉水、竞渡、相扑、摔跤、马术、举重等。从这类对抗性的竞技活动中,我们不难领略到当地人民勤劳智慧、勇敢顽强、拼搏进取、敢于胜利的优良品质。

一、御车

文献记载,御车可能源于殷商时期。西周时期御车被列为"六艺"教育的内容之一。

殷商时期,战车普遍使用,战斗中士兵组成数百人的战车部队,在战斗中发挥着巨大的作用。平时马车也是出行的交通工具,因此,不仅武士要熟练御车,一般人也要掌握御车本领。到了汉代,御车和杂技结合,称之为"戏车",真正成为一种高雅娱乐表演活动。唐代以后,交通工具改变,骑马代替了车辆,戏车表演逐渐消失。

湖南、湖北、河南地区出土的车辆文物较多,它为我们研究殷商、春秋和汉代的御车提供了珍贵的资料。

图 4-1-1　漆奁上的车马出行图(战国　湖北省博物馆藏)

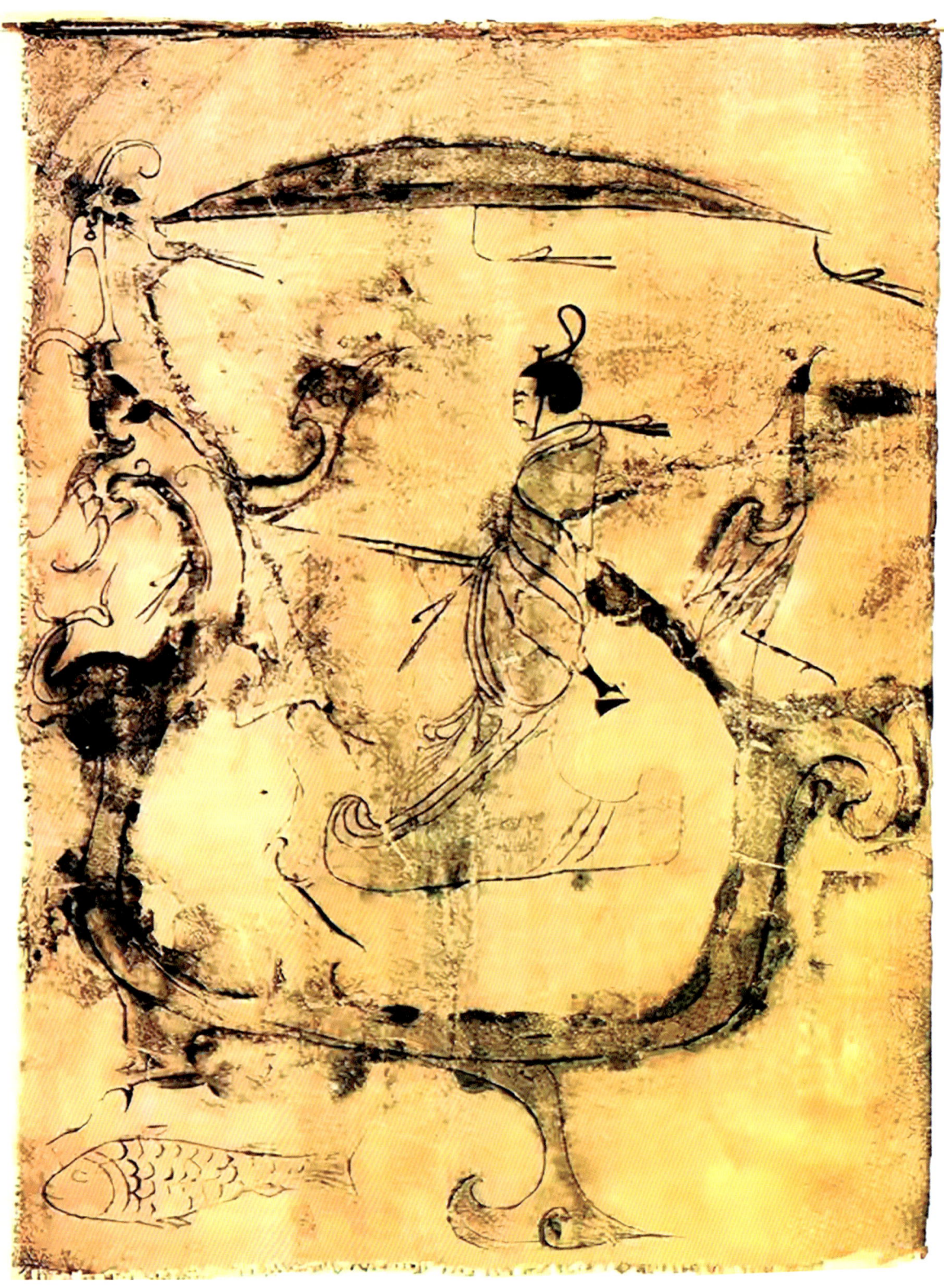

图 4-1-2 御龙图（战国 湖南长沙子弹库出土 湖南博物院藏）

图 4-1-3 车马游乐图（残片）（西汉 湖南长沙马王堆汉墓出土 高 68.7 厘米 宽 34.9 厘米 湖南博物院藏）

图 4-1-4 "上人马食大仓"砖（汉 长 45 厘米 宽 16 厘米 厚 8 厘米 许昌博物馆藏）

图 4-1-5 车马出行砖画（汉 河南荥阳王村镇苌村出土）

图 4-1-6 交战画像砖（汉 长 122.5 厘米 宽 33.5 厘米 厚 14 厘米 1987 年河南新野樊集出土 河南博物院藏）

图4-1-7 车马出行图壁画（局部）（东汉 1991年河南洛阳朱村东汉墓出土）

图4-1-8 平索戏车车骑出行画像砖（东汉 河南新野樊集村征集 高35.6厘米 宽105.5厘米 中国国家博物馆藏）

图 4-1-9 车马出行图（东汉 河南洛阳朱村东汉墓出土）

《史记·五帝本纪》载：帝尧"黄收纯衣，彤车乘白马"，说明当时的车马已进入人们的生活之中。1935 年，在安阳殷墟的大规模发掘中，发现了六座车马坑，出土了不少车马，首次确定了双轮马车的存在；1994 年，考古工作者在二里头遗址发现了双轮车的辙印；之后又相继在河南安阳发掘出商代车马坑二十余座，在北京琉璃河等地发掘出西周车马坑近二十座，在山西太原等地发掘出春秋战国时期的车马坑十几座，在西安的秦陵、汉阳陵也发掘出车马坑。另外，在汉代墓葬砖画、壁画、甲骨文卜辞、汉简中也均有反映。这些考古发现，说明殷商时期驭马驾车已较为普遍，车子结构也较为完整。御车的技能在西周时期就被列为"六艺"教育的内容之一，称之为"御"，并与礼、乐之教相融合，成为我国古代体育教育的重要组成部分。因此，御车之技，包含丰富的体育思想和竞技特征。根据《周礼·地宫·保氏》郑玄注，五种驾车的技能包括："鸣和鸾、逐水曲、过君表、舞衣衢、逐禽左。"它既要求御者熟悉马的性能，掌握御法，还要根据不同的情况交替使用各种御术。所以御车者需要具备一定的胆略、体力和腰臂力量等身体素质，才能熟练地驾控马车。此外，《左传》载，当时驾车士兵必须掌握一种跳车技能。《六韬·大韬·均兵》载："车者，军之羽翼也，所以陷坚陈，要强敌，遮走北也。"《六韬》载："凡用兵之要，必有武车骁骑，驰陈选锋，可见则击之。"汉代的军队，"轻车"为一种攻击兵种，直接参与车对车的交战。除"轻车"之外，还有"连弩车""辎车""方相车""传车""兵车""鼓车""战车""戏车"等。

在春秋时期，对驾控技术的考核采用竞赛的形式，并逐渐演化为一种赛车活动。赛车这项活动的发展，不仅培养了人们顽强拼搏的意志，也塑造了良好的心理素质。

图 4-1-10 车马铭文铜镜（东汉 直径23.1厘米 常德博物馆藏）

图 4-1-11 铜鸠车（东汉 河南南阳宗康墓出土）

图 4-1-12　青瓷骑马俑（西晋　湖南长沙金盆岭晋墓出土　湖南博物院藏）

图 4-1-13　青瓷持盾俑（西晋　湖南长沙金盆岭晋墓出土　湖南博物院藏）

图 4-1-14　三轮铜鸠车（西晋　洛阳博物馆藏）

图 4-1-15　出行图画像砖（南朝　长 36.6 厘米　宽 19.1 厘米　厚 6.3 厘米　1984 年湖北襄阳贾家冲墓出土　襄阳市博物馆藏）

图4-1-16 出行图彩绘砖画（宋 1958年河南邓州出土）

图4-1-17 大驾卤薄图中的持弩骑兵（宋）

图4-1-18 出行图彩绘砖画（宋 1958年河南邓州出土）

图4-1-19 仪仗俑（元 2007年河南焦作中站区靳德茂墓出土 焦作市博物馆藏）

图 4-1-20 出行仪仗俑（元 焦作市博物馆藏）

二、蹴鞠

蹴鞠在战国时就有文献记载。秦汉时蹴鞠已经发展为两种不同的体育形式，一种是展示踢、控球技术的蹴鞠表演，河南南阳出土的汉画像石（砖），展现了丰富多彩，身姿各异的表演性蹴鞠。另一种是以对抗性为目的的蹴鞠竞赛。宋代，出现了"白打"的踢球方式。当时的皇帝、贵族都十分喜爱蹴鞠活动，据史料记载，宋太祖、宋太宗、宋徽宗都非常喜好蹴鞠。当时河南开封经常举行各种类型的蹴鞠表演或竞赛，连妇女、儿童也经常进行蹴鞠游戏。

蹴鞠目前已发展成为国际性的体育项目——足球，世界各国有众多足球爱好者，并拥有几亿球迷。

图 4-2-1 大鼓蹴鞠画像石（汉　南阳汉画馆藏）

图 4-2-2 奏乐蹴鞠舞（东汉　高 170 厘米　宽 96 厘米　河南南阳出土　南阳汉画馆藏）

图 4-2-3　盘鼓舞画像砖（东汉　长39厘米　宽40厘米　厚4.7厘米　河南新野汉墓出土　河南博物院藏）

图 4-2-4　白釉黑彩蹴鞠图瓷枕（俯视图）（宋　长 29.5 厘米　宽 19.5 厘米　高 10.5 厘米　河南博物院藏）

图 4-2-5　蹴鞠纹铜镜（宋　青铜　直径 11 厘米　长沙收集）

图 4-2-6 宋太祖蹴鞠图（元 纵110厘米 横79厘米）

图 4-2-7 蹴鞠图（元 绢本设色 长28.6厘米 宽56.3厘米）

三、马球

马球在中国古代叫击鞠,也叫击球、打球,自汉代就有之。马球有其独特的文化生成土壤与审美特性。马球的形态与功能、传播与交流、衍生与发展等无不与社会属性密切相关。中国自汉唐以来,几度出现了空前繁荣的局面,马球也取得了令人瞩目的成就。

从汉唐经宋元而至明清的中国,物质文化发展迅速。出现在汉唐宫廷或都市街坊的马球已成为一种日常运动,已成为宫廷皇室和权贵们日常的重要愉悦项目,也是军队训练士兵的主要手段之一。

到了宋代宫廷更为盛行马球,皇室权贵都爱打马球,河南开封经常举行马球比赛,还留下了不少文献记载和绘画等。

图 4-3-1 打马球女俑（唐 1976年河南洛阳邙山徐村出土 洛阳博物馆藏）

图4-3-2 彩绘骑马男俑（唐 1998年河南洛阳偃师唐恭陵哀皇后墓出土 高36厘米 洛阳市文物局藏）

图4-3-3 彩绘骑马男俑（唐 1998年河南洛阳偃师唐恭陵哀皇后墓出土 高36厘米 洛阳市文物局藏）

图4-3-4 仕女打马球俑（唐 河南洛阳王雄诞妻魏夫人墓出土 高36—39厘米 洛阳考古研究院藏）

图 4-3-5 马球图（元 绢本设色 纵 28.6 厘米 横 56.3 厘米 民间收藏）

四、驴鞠

驴鞠源于唐代，《太平广记》卷十九就有描绘驴鞠的场景，敦煌文献 S.1477《祭驴文》中，也有关于骑驴击鞠在军队流行的状况，宋代在开封也可看到骑驴击鞠的场景。

驴鞠就是骑在驴上打球，由于驴的体型、速度和力量都不如马，所以危险性较小，这种玩法一出现，很快在社会上流行起来，尤其是妇女更是喜爱此项运动。

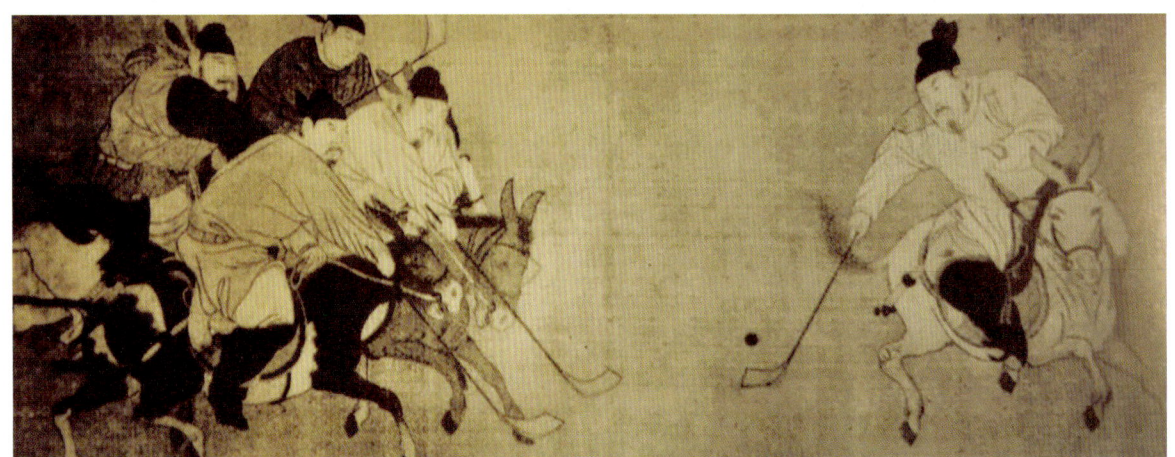

图 4-4-1 驴鞠图

五、步打球

步打球，又称"步打"或"步击"，是一项徒步持杖打球的竞技运动。步打球在初唐就出现在长安宫廷之中，在《羯鼓录》中就有"打球乐"的记载。虽然步打球是从马球演化而来，但对抗性和激烈程度都远不如马球，所以深受广大妇女、儿童喜爱。

步打球的规则近似马球，在王建的百首《宫词》，以及《元稹集》卷九之中，都有对步打场景的描绘。步打球由唐初流行，一直传承至今，体育项目"曲棍球"就是类似步打球。华中地区多有发现步打球的文物，它为研究古代步打球的发展，提供了珍贵的资料。

图 4-5-1　步打球图　青花塔形罐（唐　河南郑州上街唐墓出土　郑州市文物考古研究院藏）

六、捶丸

捶丸源于北宋。元代有《丸经》二卷，这是我国古代关于捶丸游戏目前为止发现的唯一的专著。古代宫廷盛行此游戏，宋徽宗、金章宗等帝王皆爱捶丸。到了明代捶丸游戏更是盛行，《明宣宗行乐图》中描绘了明宣宗捶丸的场景。

捶丸是由唐代的步打球衍变而来的一种游戏。它与如今高尔夫球在击球方式、游戏器械等赛制方面有很多相似之处。

图 4-6-1 捶丸（明 佚名 民间收藏）

七、嬉水

《诗经》中就有描写游泳的句子："就其深矣，方之舟之。就其浅矣，泳之游之。"历朝历代也十分重视水军的发展，尤其是北宋，皇帝亲临汴梁城西的金明池观看水战、龙舟竞渡、水秋千等。《续资治通鉴》记载了宋太宗在金明池"观习水战"就曾说："水战，南方之事也。令其地已定，不复施用，时习之，示不忘武功耳。"1935年河南汲县发掘出土了大量魏国墓葬，其中有一对水陆攻战纹铜鉴，它的上面刻有人们乘舟水战的场面。当时贵族、大臣都建有私人游泳池，如杨戬在开封城里修建了私人游泳池。

除了水军训练专门有游泳、泅渡、作战等项目之外，还有许多体育活动，如开封金明池经常举行水球、水秋千、水傀儡、龙舟竞渡等。嬉水的发展，已有千余年的历史，至今仍在流行，并被列为国际体育竞赛项目之一。

湖南、湖北多江、河、湖泊，竞渡、游泳等活动广泛普及，在民间十分盛行，文献中均有记载。

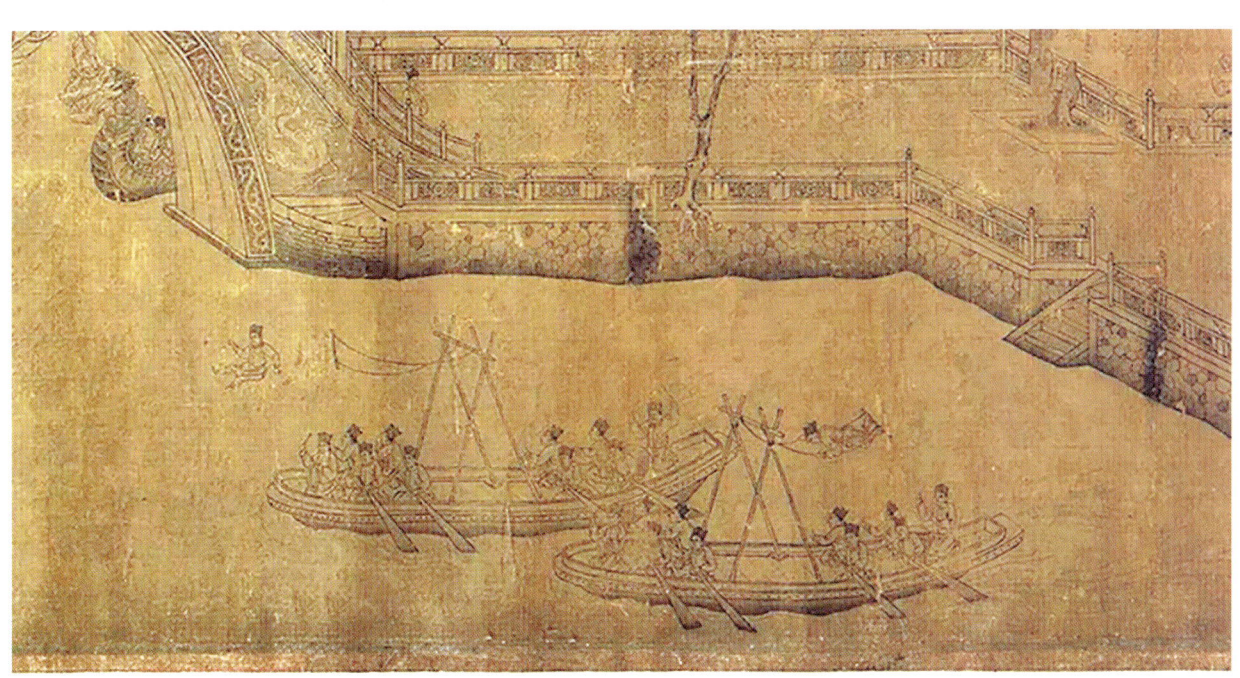

图4-7-1 水秋千（局部）（元 王振鹏《龙池竞渡图》）

八、竞渡

古代舟主要有民俗之舟和实用之舟两大类，其中民俗之舟主要指竞渡用舟，而实用之舟主要是包括运载货物之舟和载人之舟。

吴楚称"鸟舟"为飞凫、鹢舟等。《荆楚岁时记》《穆天子传》均对竞渡有详细记载。湖北洪湖一带，仍保留着竞渡的习俗，北宋开始出现有龙舟夺标竞赛。

古代早期的竞渡，既不是一种娱乐活动，也不是对屈原等人的纪念，而是一种"禳灾"的仪式。这在《武陵竞渡略》《湖广志书》中均有详细记载，竞渡历经数千年的发展，一直盛行至今，成为弘扬中华民族优秀传统文化的方式之一，也成为端午节的标志性的习俗活动。

图 4-8-1 独木舟（商 长 9.3 米 宽 0.8 米 高 0.6 米 2009 年河南信阳息县城郊徐庄张庄出土 信阳博物馆藏）

图 4-8-2 泗水捞鼎画像砖（西汉 高 34 厘米 宽 122 厘米 1985 年河南南阳新野樊集出土）

图 4-8-3 灰陶划船俑（汉 平顶山博物馆藏）

九、相扑

秦汉时期，相扑在社会各阶层均颇为流行，《史记》卷八十七记载了当时宫廷在"甘泉宫"组织相扑之戏表演。在湖北江陵秦墓出土有木箆其上就绘有相扑图。到了唐代之后，相扑更为普遍，出现了职业相扑手。《武林旧事》记载，当时有相扑人专门组成的"角抵社"，并出现了相扑的表演，更有女子相扑表演，这在《梦粱录》中均有记载。

相扑的文物比较丰富，不仅有汉代画像石（砖）、敦煌壁画，陕西唐墓出土的相扑俑、相扑铜牌，河南也出土有相扑图像，这些和文献相印证，可为我们研究相扑的演变提供翔实的资料。

图 4-9-1 相扑（唐 民间收藏）

图 4-9-2 绿釉相扑俑
(宋 河南博物院藏)

图 4-9-3 陶相扑俑
(宋 高 6 厘米 河南博物院征集)

十、摔跤

春秋战国和两汉时期的文物图像反映了我国西汉以前有两种摔跤形式，一种是中原地区流行的、赤裸上身只穿短裤的摔跤；另一种是北方少数民族所流行的装饰摔跤。魏晋之后，裸身摔跤迅速发展，如西藏大昭寺的壁画摔跤图，其装束形同中原地区。摔跤不仅男子参加，女子也参加。清代十分重视摔跤。满语称之为"布库"。当时流行身着跤衣的摔跤，并有多种抓衣摔的方式。此习俗一直延续至今，盛行不衰。

图 4-10-1　角抵图（局部）（东汉　壁画　长 200 厘米　宽 82 厘米　1961 年河南新密打虎亭出土）

十一、举重

古代称举重为"翘关""扛鼎""搬石"等。在夏、商、周时期有不少关于大力士的记载。春秋战国时期，还出现了乌获、任鄙、孟说等著名大力士。湖南长沙马王堆出土的汉代帛画、湖北随州战国时期曾侯乙墓出土的编钟都有举重的元素。唐代实行武举制度，"翘关""负重"均列为测试项目，大大推动了举重的发展。

宋元至明清时期，举重不仅继续成为武举取士的重要考核项目之一，还出现了石制举重器械和新的举重形式，如举石担、石锁、掇石墩、举石球、举石狮等，这些在文献中均有记载。

在这里，我们主要是以华中地区遗存的有关举重的图像，从多元的视角对其进行考察、分析和研究，以便为我国举重史的深入研究提供更多的信息。

图 4-11-1 踞坐人漆绘铜灯（战国 高 48.9 厘米 灯盘径 23.7 厘米 1975 年河南三门峡上村岭出土 河南博物院藏）

图 4-11-2 擎灯（汉 英国伦敦埃斯卡纳齐家族藏）

十二、马术

最早见于西汉桓宽的《盐铁论·散不足篇》。它是指驯马或驭马为戏的技艺。舞马就是驯马表演的一种，即由驯马来表演各种舞蹈动作的一种"马技"。

（一）舞马

舞马早在汉画像石（砖）中就有类似的表演。宫廷中经常举行百匹马的盛大表演活动，唐代的诗中均有描绘。河南洛阳博物馆藏有舞马俑一组，极其生动。另外，在汉画像石（砖）中也有关于舞马的内容。

122　中国古代体育文物

图4-12-1　庭院画像砖拓片（汉　宽45厘米　高120厘米　河南郑州南关汉墓出土　河南博物院藏）

图 4-12-2 驯马（汉　湖南衡阳道子坪出土　湖南博物院藏）

图 4-12-3 三彩马及牵马胡俑（唐　马高 77.8 厘米　俑高 63 厘米　河南洛阳唐墓出土　河南博物院藏）

图4-12-4 驯马彩绘陶俑（唐 高35厘米 马高40厘米 长47厘米 河南洛阳出土 洛阳博物馆藏）

(二)马术

马术表演是指骑手驾驭马表演各种技巧动作的一种活动。马术表演在汉代已相当成熟,在汉画像石(砖)中有较多马术的画面。如河南登封少室石阙画像上,有两匹奔驰的骏马,马上均有人表演倒立、仰卧等动作。

唐代是马术发展的重要时期。马术表演中有立马头、立马尾、马背行走、镫里藏身、马上横卧、倒立马背,还有马上射术,表演内容极其丰富。

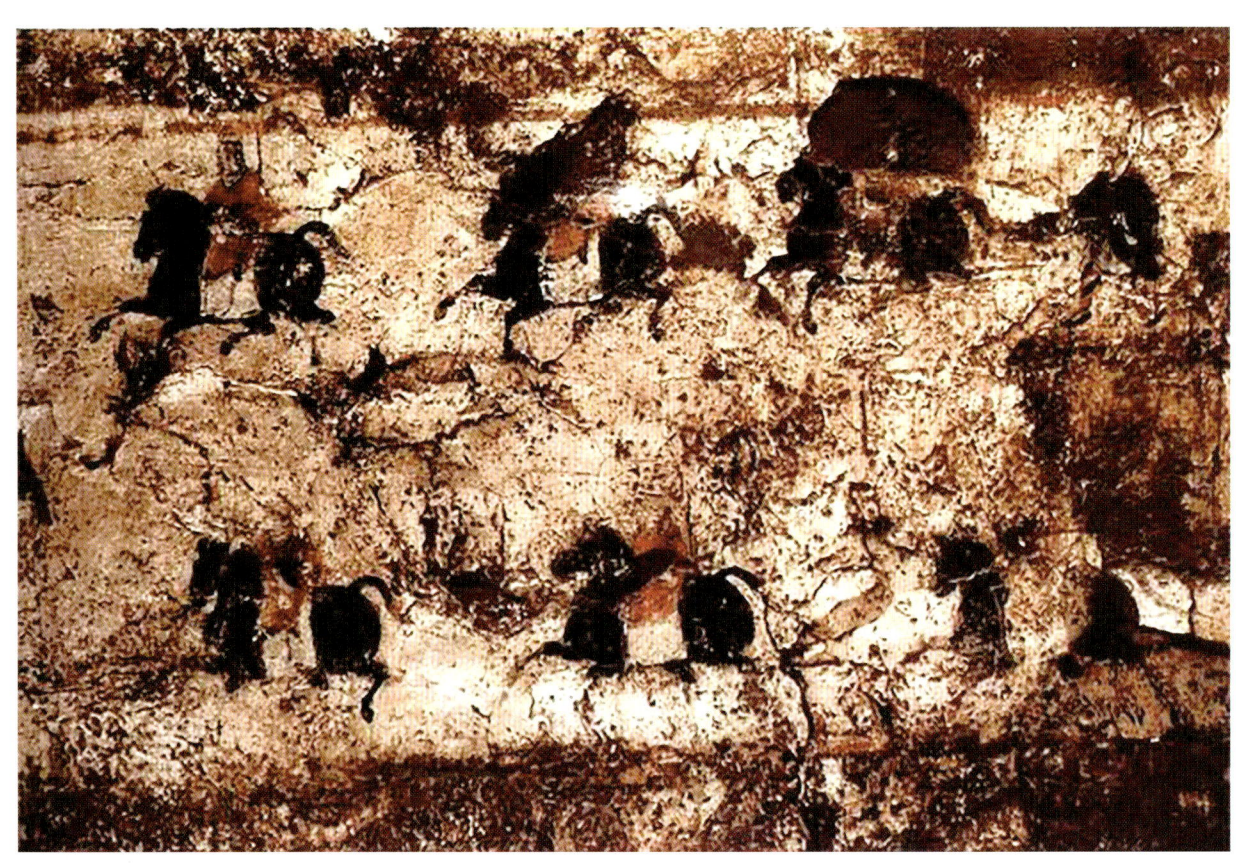

图4-12-5 导骑图(汉 高约60厘米 河南洛阳偃师杏园首阳山电厂出土 偃师商城博物馆藏)

图 4-12-6 骑马女彩绘俑（唐 河南洛阳偃师唐恭陵哀皇后墓出土 高 36 厘米 洛阳市文物局藏）

图 4-12-7 骑马女彩绘俑（唐 河南洛阳偃师唐恭陵哀皇后墓出土 高 38 厘米 洛阳市文物局藏）

图4-12-8 骑马女彩绘俑（唐 河南洛阳偃师唐恭陵哀皇后墓出土 高36厘米 洛阳市文物局藏）

图4-12-9 骑马男彩绘俑（唐 河南洛阳偃师唐恭陵哀皇后墓出土 高35厘米 洛阳市文物局藏）

图 4-12-10 骑马男彩绘俑
(唐 河南洛阳偃师唐恭陵哀皇后墓出土 高 36 厘米 洛阳市文物局藏)

图 4-12-11 骑马女彩绘俑
(唐 河南洛阳偃师唐恭陵哀皇后墓出土 高 35 厘米 洛阳市文物局藏)

图4-12-12 骑马女彩绘俑（唐 河南洛阳偃师唐恭陵哀皇后墓出土 高36厘米 洛阳市文物局藏）

图4-12-13 骑马女俑（唐 河南洛阳龙门东山安菩夫妇墓出土 洛阳博物馆藏）

图4-12-14 骑马男俑（唐 河南洛阳关林唐墓出土 洛阳博物馆藏）

图4-12-15 戴帽骑马女彩绘俑（唐 左俑通高34.5厘米 马高22.3厘米 马身长31厘米 底板13.6厘米×9.2厘米×0.6厘米 右俑通高34厘米 马高22.3厘米 马身长30.3厘米 底板13.4厘米×8厘米×0.7厘米 河南博物院藏）

图4-12-16 马术竞技图（五代 赵岩 绢本设色 民间收藏）

图 4-12-17 马术砖雕（金　郑州市华夏文化艺术博物馆藏）

图 4-12-18 人物木雕板（长 49 厘米　宽 14.5 厘米　张家界市博物馆藏）

第五章 传统武术

中国古代体育文物·华中卷

武术是一种文化形态，它的形成与物质文明、精神文明的发展紧密相关，是人们在劳动和军事生活中逐渐形成的对社会观念、信仰的反映。武术与中华传统文化一脉相承，尤其是它博大精深的包容性更增添了人们对它的神秘感。

武术作为一个整体意义上的文化形态，根植于中国传统文化之中，它不仅蕴涵着中国哲学思想之精华，又摄养生之精髓，并集技击之大成，而且还融合了传统美学之理，由此形成内涵广博的武术文化。

武术是一门综合性的运动，以"格斗技能"为基础，吸纳或结合诸如狩猎、军事、角抵、武舞、巫术等元素，在社会文化的进一步滋养下逐步形成。

武术的起源，可以追溯到原始社会。原始武术的萌生和发展，与人类的生存竞争和原始战争是分不开的。早在数十万年前的旧石器时代，人们就在与野兽的争斗中逐渐学会了徒手或使用木棒和石块等器具击打野兽的方法，于是就产生了拳打、脚踢、躲闪、跳跃等基本格斗技能。

秦汉时期人们非常重视武备和军事训练，全民尚武之风盛极一时，并出现了不同风格的武术流派，手博、击剑、射箭等实用之术长盛不衰。到了魏晋南北朝时，"武术"一词被正式命名，并出现了武谱，武术理论体系走向成熟，并完成了"击有术、舞有套、套有谱"的构架。隋唐时期，创立了武举制度，使人们看到了由武入仕可能，激发了更多人的习武热情，武术也由此得到了更为广泛的发展。

宋元时期，战争频繁，因此统治者非常重视加强武备和军事训练。并出现了十八般兵器、十八般武艺等说法。

图 5-1-1　骨镞（新石器时代　长 7.4 厘米　宽 1.3 厘米　湖北十堰郧西六官坪出土　十堰市博物馆藏）

图 5-1-2 石钺（新石器时代仰韶文化时期　长 11.5 厘米　宽 10.3 厘米　厚 1 厘米　2010 年河南南阳淅川下寨遗址出土　南阳市博物馆藏）

图 5-1-3 铜弩机（东汉　湖北武汉新洲三店出土）

图 5-1-4 玉璋（夏 1974年河南偃师二里头遗址出土 洛阳博物馆藏）

图 5-1-5 玉钺（夏 河南偃师二里头遗址出土 偃师商城博物馆藏）

图 5-1-6 青铜钺（商）

图 5-1-7 青铜戈（商 湖北武汉黄陂盘龙城李家嘴 11 号墓出土）

图 5-1-8 玉戈（商）

图 5-1-9 玉戈（商）

图 5-1-10 石镞（商 长 11 厘米 宽 3.5 厘米 厚 2.2 厘米 商丘博物馆藏）

图 5-1-11 骨镞（商 长 7.4 厘米 宽 1.4 厘米 厚 0.6 厘米 河南柘城心闷寺遗址出土 商丘博物馆藏）

图 5-1-12 骨镞（商 长 9.1 厘米 宽 1.8 厘米 厚 0.7 厘米 河南柘城心闷寺遗址出土 商丘博物馆藏）

图 5-1-13 大玉戈（商）

图 5-1-14 "爰"字纹戈（商 通长 35.3 厘米 内长 11.8 厘米 援宽 5.1 厘米 河南安阳殷墟戚家庄 269 号墓出土 河南博物院藏）

图 5-1-15 玉戈（商 长32厘米 宽6.5厘米 1974年河南新郑新村出土 河南博物院藏）

图 5-1-16 玉戈（商 安阳博物馆藏）

图 5-1-17 玉戈（商 长48厘米 1985年河南洛宁陈吴西寨子出土 洛阳博物馆藏）

图 5-1-18 青铜钺（商）

图 5-1-19 铜钺（商 河南安阳殷墟郭家庄出土）

图 5-1-20 蟠螭纹铜钺（商 湖北武汉黄陂龙城遗址出土）

图 5-1-22 饕餮纹钺（商 通长 17 厘米 宽 15 厘米 河南郑州人民公园出土 河南博物院藏）

图 5-1-21 铜钺（商 河南安阳花园庄 54 号商代墓葬出土）

图 5-1-23 玉钺（商 河南洛阳吉利出土 洛阳博物馆藏）

图 5-1-24 雷纹弧刃直内铜钺（商 长 19.4 厘米 河南灵宝豫灵东桥出土 河南博物院藏）

图 5-1-25 漩涡纹戈（商 青铜兵器 通长 20.3 厘米 宽 7.2 厘米 河南郑州人民公园出土）

图 5-1-26 铜削（商 三门峡博物馆藏）

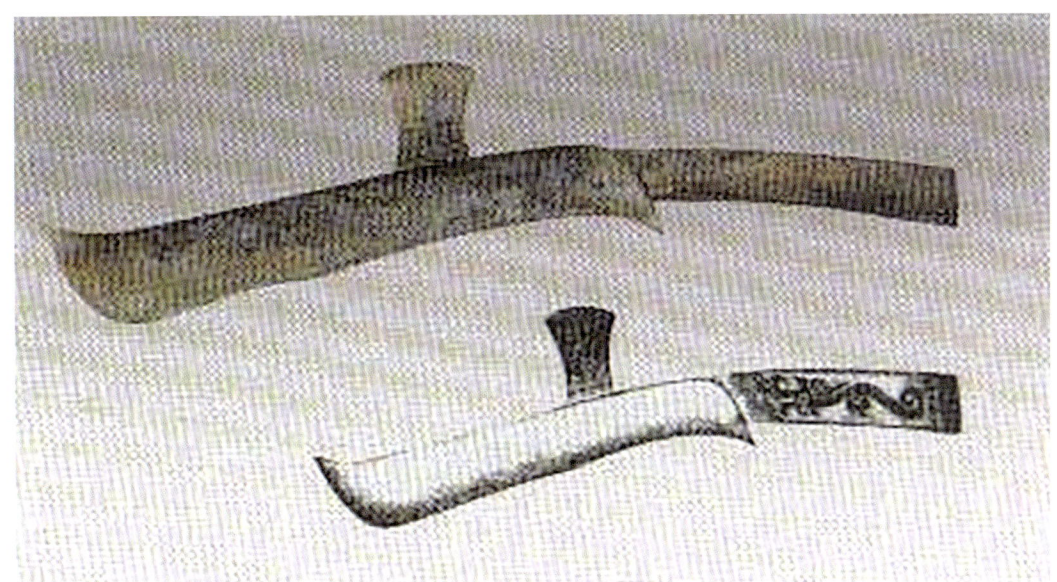

图 5-1-27 湘博虎钺（商 湖南博物院藏）

图 5-1-28 青铜象尊（商 湖北黄冈汝王城外丰衣出土）

图 5-1-29 兽面纹铜钺（商 通长17厘米 钺身宽15厘米 厚1.2厘米 河南郑州人民公园出土 河南博物院藏）

图 5-1-30 兽面纹戈（商 通长22.2厘米 宽8.2厘米 内长5.8厘米 内宽5厘米 河南安阳三家庄出土 河南博物院藏）

图 5-1-31 卷首铜刀（商末周初 长 23.6 厘米 宽 6.2 厘米 河南鹿邑太清宫长子口墓出土 河南省文物考古研究院藏）

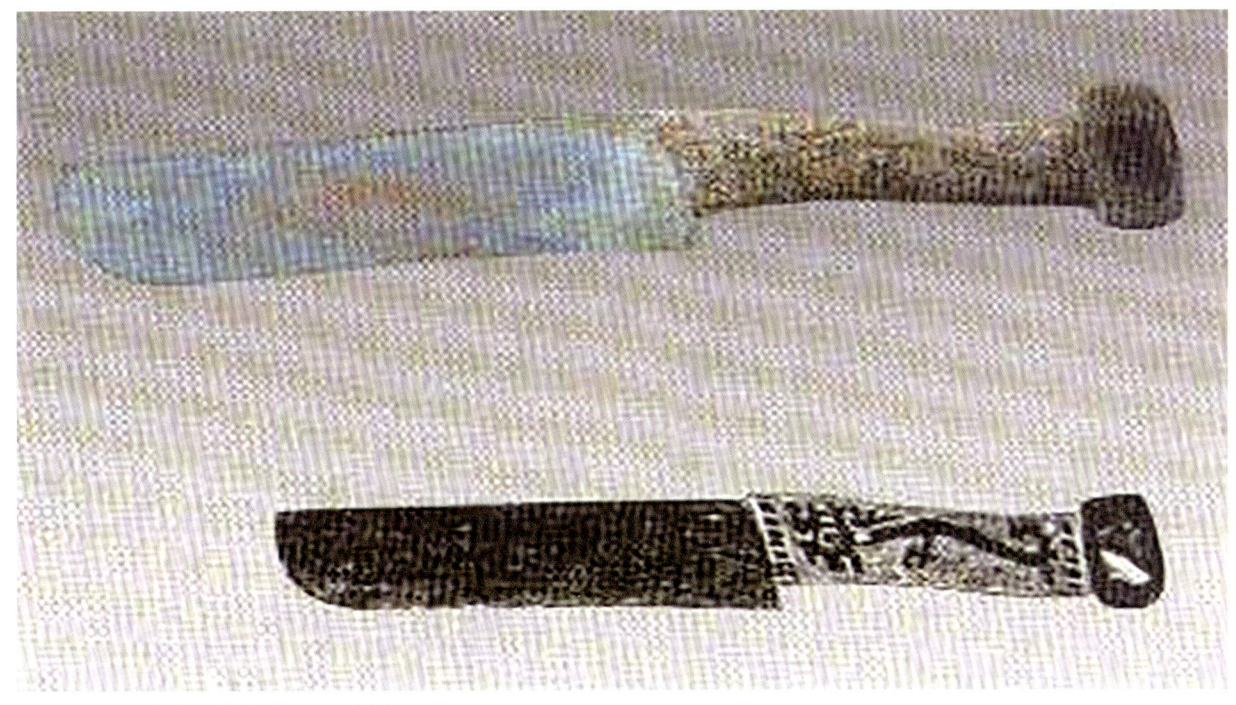

图 5-1-32 朱良桥斧戟龙纹刀（商）

图 5-1-33 湘潭茶恩寺戈（商末周初 湘潭市博物馆藏）

图 5-1-34 应国匕首（西周 平顶山博物馆藏）

图 5-1-35 应国玉戈（西周 平顶山博物馆藏）

图 5-1-36 应国铜戈（西周 平顶山博物馆藏）

图 5-1-37　应国铜镞（西周　平顶山博物馆藏）

图 5-1-38　铜镞（西周　湖北武汉新洲香炉山出土）

图 5-1-39 玉柄铁剑（西周 通长 34.2 厘米 柄长 12.2 厘米 剑身长 22 厘米 叶宽 3.8 厘米 剑颈最大直径 1.8 厘米 河南三门峡出土 河南博物院藏）

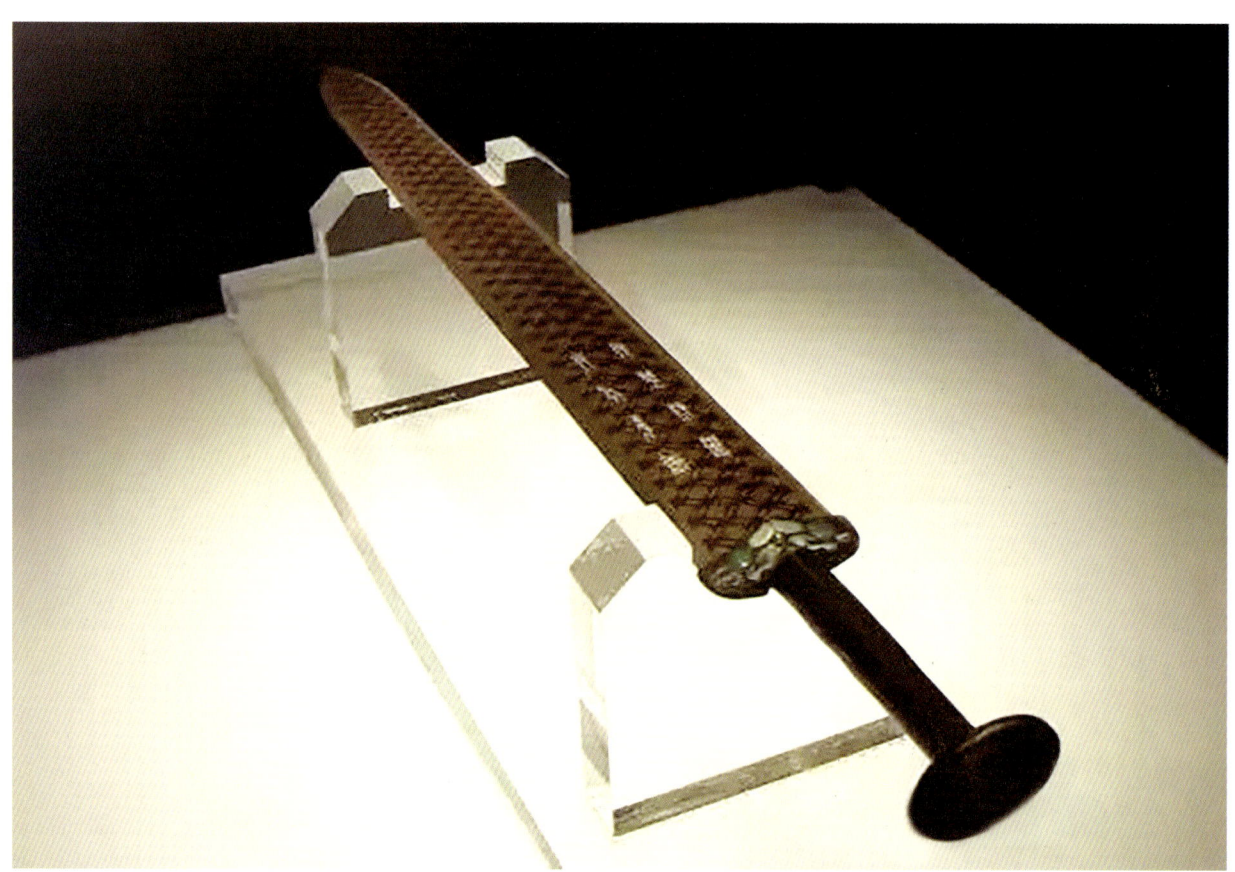

图 5-1-40 "越王勾践"青铜剑（春秋 湖北荆州江陵望山 1 号墓出土 湖北省博物馆藏）

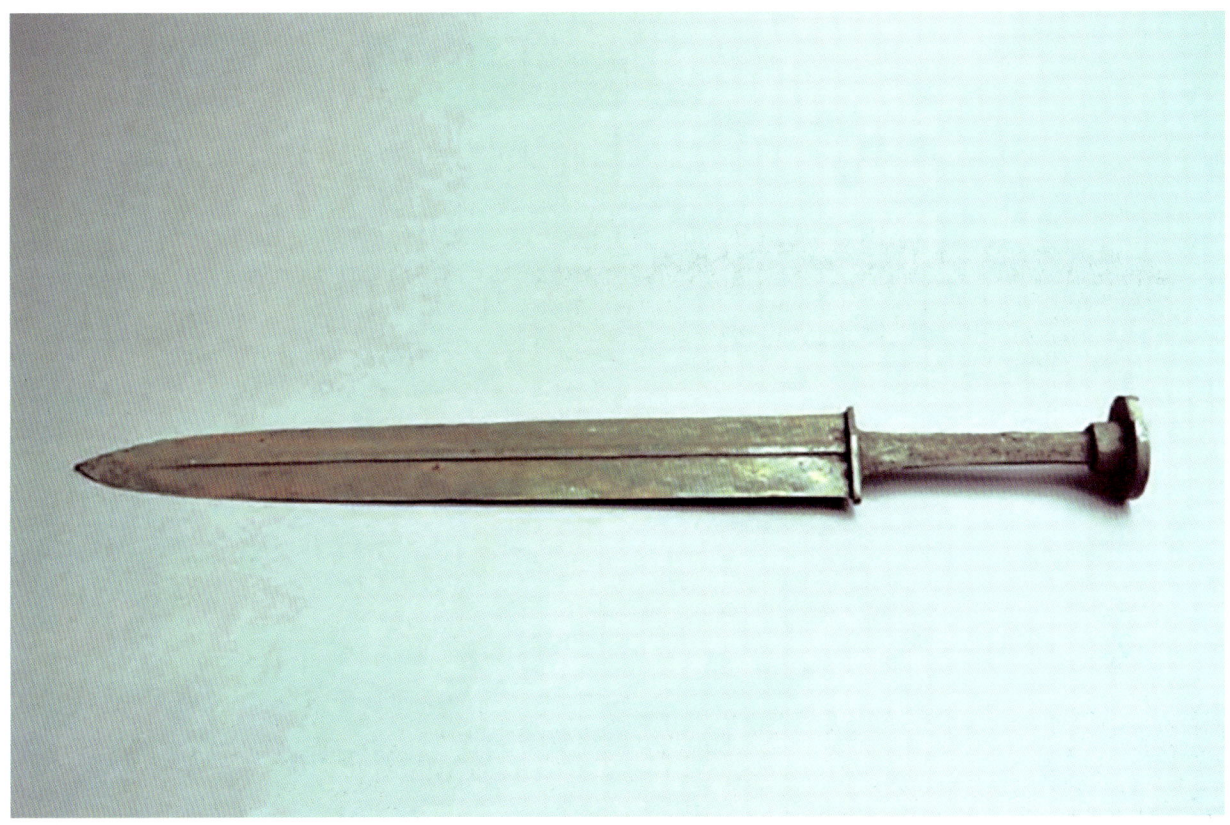

图 5-1-41 宽脊薄格剑（春秋　通长 40.8 厘米　宽 3.6 厘米　河南光山黄季佗父墓出土）

图 5-1-42 嵌绿松石铜剑（春秋　通长 41.3 厘米　河南固始出土　河南博物院藏）

图 5-1-43 吴王夫差矛（春秋 湖北荆州江陵马山 5 号墓出土）

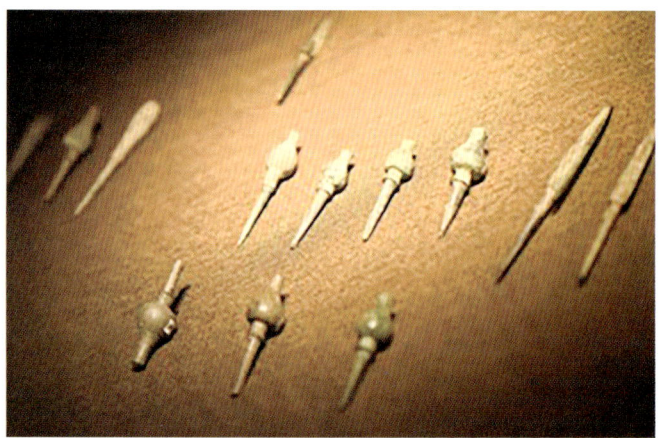

图 5-1-45 异形铜镞（春秋 南阳市博物馆藏）

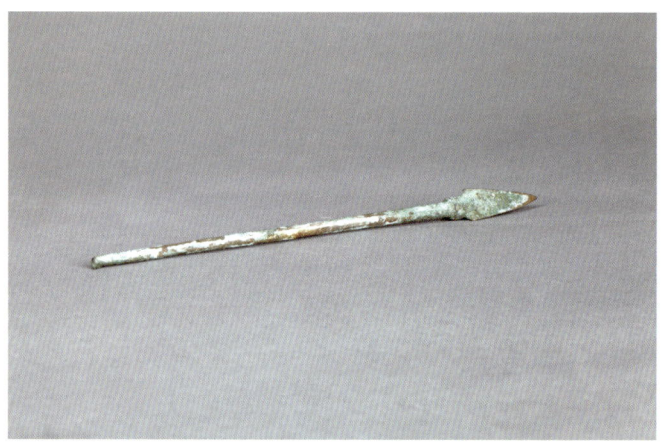

图 5-1-46 带铤三棱镞（春秋 长 16 厘米 许昌博物馆藏）

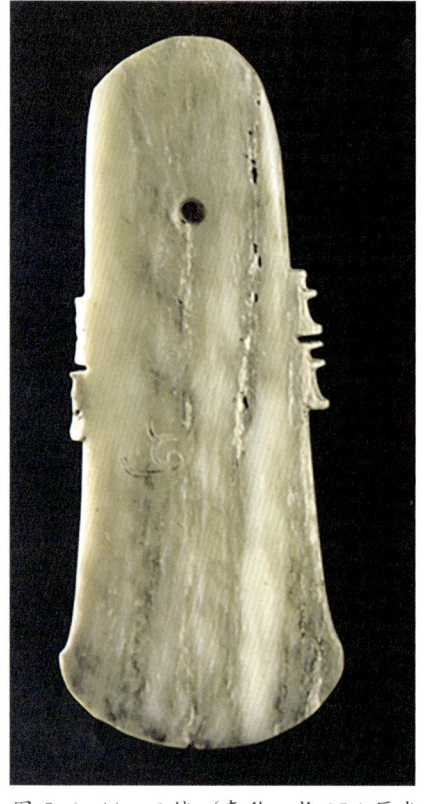

图 5-1-44 玉钺（春秋 长 15.4 厘米 上宽 4.0 厘米 下宽 6.3 厘米 厚 0.8 厘米 河南光山宝相寺黄季佗父墓出土 河南博物院藏）

图 5-1-47 三翼镞（春秋 残长 5.1 厘米 河南辉县琉璃阁甲墓出土 河南博物院藏）

图 5-1-48 铜矛（春秋 三门峡博物馆藏）

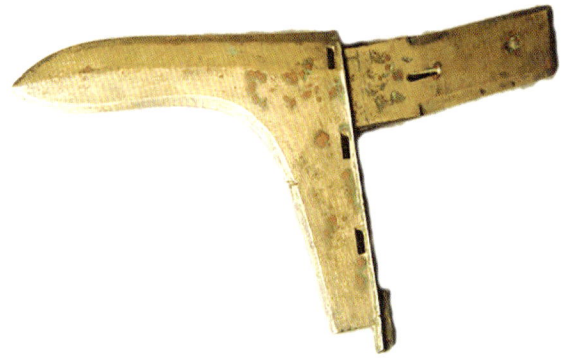

图 5-1-51 长子令戈（春秋 三门峡博物馆藏）

图 5-1-49 直内戈（春秋 长 20 厘米 许昌博物馆藏）

图 5-1-52 楚王孙渔戟（春秋 湖北江陵长湖南出土）

图 5-1-50 周王孙季怡青铜戈（春秋 湖北随州季氏梁墓出土）

图 5-1-53 短矛（战国 湖北随州曾侯乙墓出土）

图 5-1-54 青铜殳（战国 湖北随州曾侯乙墓出土）

图 5-1-55 彩绘龙凤纹漆盾（战国 长46.8厘米 宽34厘米 湖北荆门包山2号墓出土 湖北省博物馆藏）

图 5-1-56 戈（秦 长19.7厘米 宽10.4厘米 河南南阳淅川老城裴岭墓群出土 南阳市博物馆藏）

图 5-1-57 青铜戟（战国 湖北随州曾侯乙墓出土）

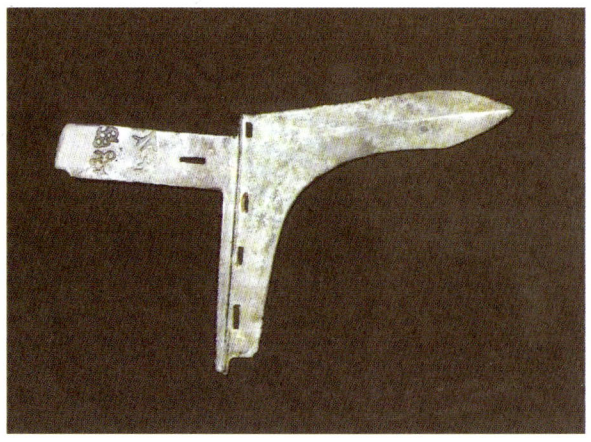

图 5-1-58 铜戈（战国 湖北武汉新洲柳子岗出土）

图 5-1-59 铜戈（战国 湖北武汉新洲李集出土）

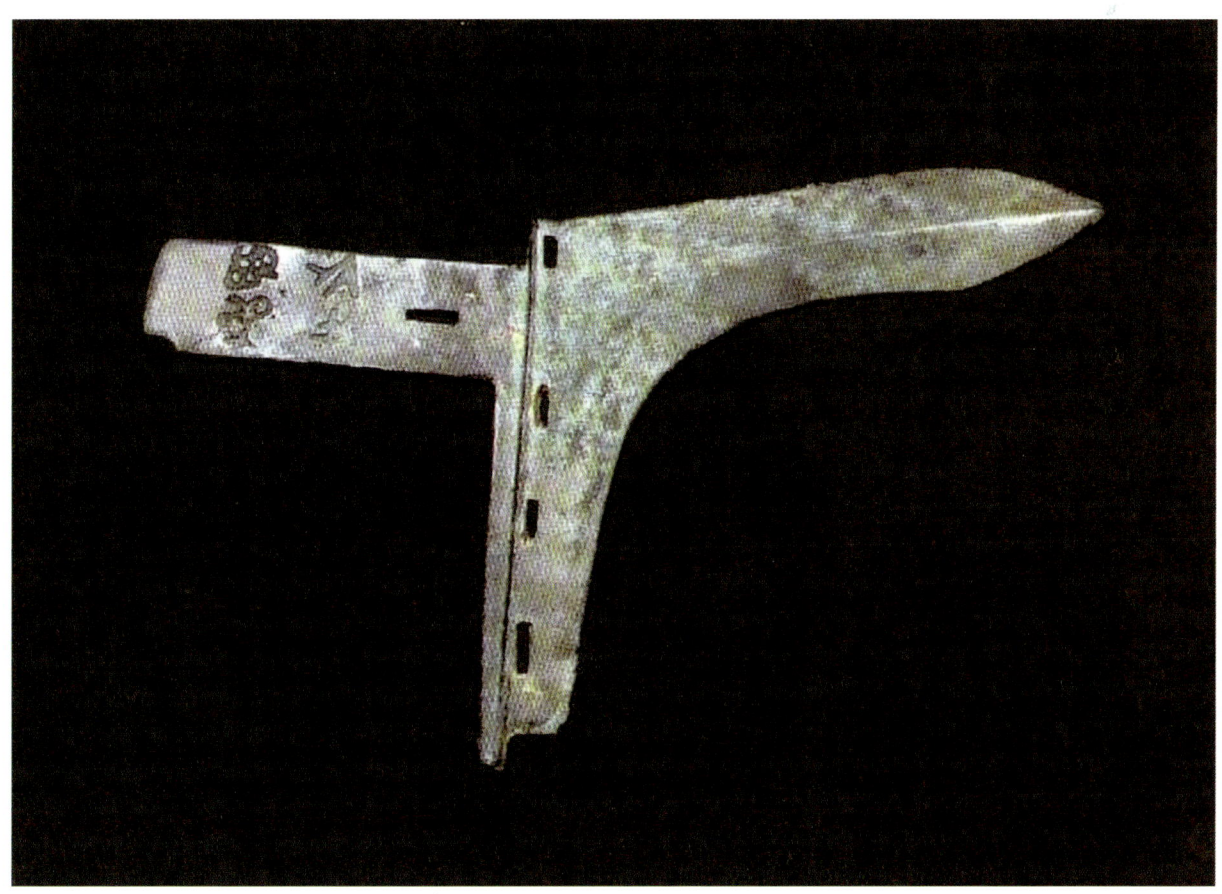

图 5-1-60 铭文铜戈（战国 湖北武汉新洲柳子岗出土）

图 5-1-61 错金鸟书铜戈（战国 平顶山博物馆藏）

图 5-1-63 铜戈（战国 长 34 厘米 宽 14 厘米 河南南阳淅川徐家岭墓地出土 南阳市博物馆藏）

图 5-1-62 戈（战国 湖北荆州江陵望山 4 号墓出土）

图 5-1-64 带柄铜戈（战国 湖北武汉蔡甸沌口出土）

图 5-1-65 楚公蒙秉戈（战国 湖南博物院藏）

图 5-1-66 铜戈（战国 平顶山博物馆藏）

图 5-1-67 长援铜戟（战国 湖北江陵雨台山 264 号墓出土）

图 5-1-70 长援铜戟（战国 湖北江陵雨台山 264 号墓出土）

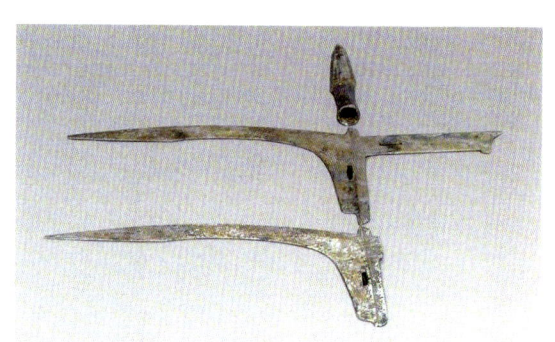

图 5-1-68 双戈铜戟（战国 湖北武汉新洲李集出土）

图 5-1-69 多戈戟（驻马店市博物馆藏）

图 5-1-71 青铜戟（战国 湖北随州曾侯乙墓出土）

图 5-1-72 错金铭文剑（战国　平顶山博物馆藏）

图 5-1-73 带鞘铜剑（战国　湖北武汉蔡甸沌口出土）

图 5-1-74 青铜剑（战国　平顶山博物馆藏）

图 5-1-75 三箍铜剑（战国　长 32.8 厘米　宽 3.6 厘米　许昌博物馆藏）

图 5-1-76　错金越王剑（周口市博物馆藏）

图 5-1-77　铜剑（战国　平顶山博物馆藏）

图 5-1-78　铜剑（战国　三门峡博物馆藏）

图5-1-79 铜剑、漆木鞘（战国 湖北武汉蔡甸沌口出土）

图5-1-80 剑盒、剑鞘（战国 盒长64厘米 宽6.4厘米 高10.8厘米 鞘长42.7厘米 宽4.2厘米 荆州江陵雨台山6号墓出土 湖北省博物馆藏）

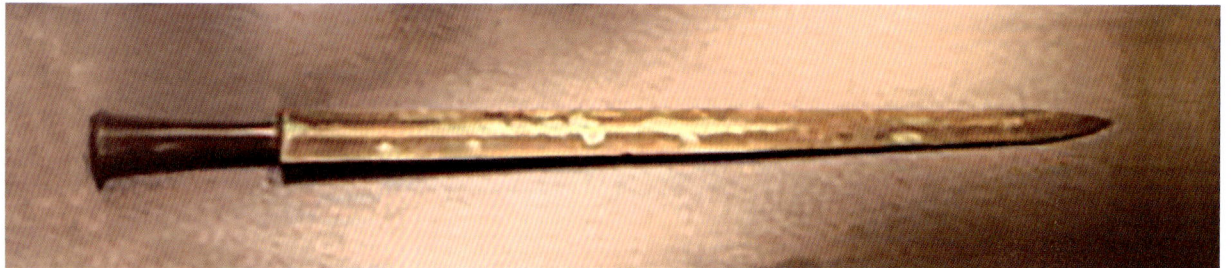

图 5-1-81 战国复合剑（南阳市博物馆藏）

图 5-1-82 持剑武士木俑（战国 通高 52.3 厘米 头高 9.3 厘米 肩宽 12 厘米 剑长 30.4 厘米 宽 2.5 厘米 湖南博物院藏）

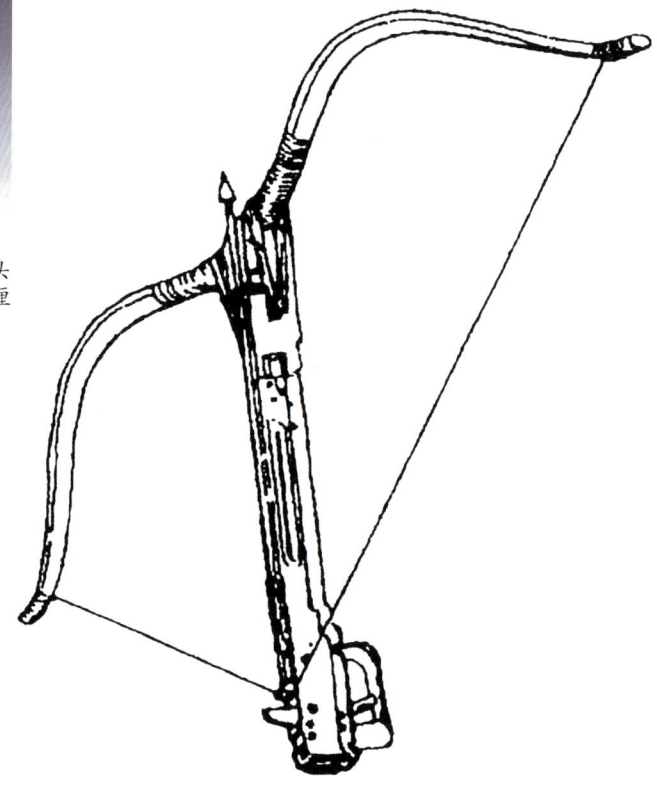

图 5-1-83 双矢并射连发弩机（战国 湖北荆州秦家嘴出土）

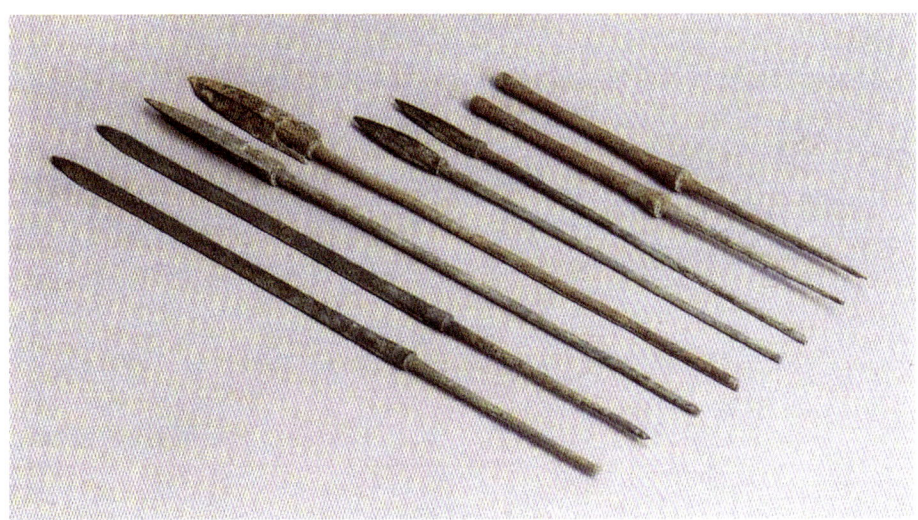

图 5-1-84　铜镞（战国　湖北武汉蔡甸沌口出土）

图 5-1-85　铜镞（战国　湖北荆州望山 1 号墓出土）

图 5-1-86　箭镞（战国　湖北荆州望山 2 号墓出土）

图 5-1-87 无锋刃箭镞（战国 湖北荆州望山1号墓出土）

图 5-1-88 甲胄（战国 湖北随州曾侯乙墓出土 湖北省博物馆藏）

图 5-1-89 大武铜戚（正反面）（战国 湖北荆门车桥出土）

图 5-1-90 双虎食人铜钺（商 河南安阳殷墟小屯妇好墓出土）

图 5-1-91 銎弧刃钺（湖南博物院藏）

图 5-1-92 石钺（长 17.8 厘米　宽 10.1 厘米　厚 1.1 厘米　河南南阳淅川下寨遗址出土　南阳市博物馆藏）

图 5-1-93 车轮上的青铜刀（战国　湖北随州曾侯乙墓出土　湖北省博物馆藏）

图 5-1-94 高砂脊凤首刀（湖南省文物考古研究所藏）

图 5-1-95　铜矛（战国　平顶山博物馆藏）

图 5-1-96　铜矛（战国　湖北武汉蔡甸沌口出土）

图 5-1-97　铜镦（战国　湖北武汉蔡甸沌口出土）

图 5-1-98 编钟上的武士形象（战国 湖北随州曾侯乙墓出土 湖北省博物馆藏）

图 5-1-99 漆盾（正反面）（战国 长 91 厘米 宽 49 厘米 湖北荆门包山 2 号墓出土 湖北省博物馆藏）

图 5-1-100 漆木弩（战国 通长 53.1 厘米 高 18.4 厘米 厚 7.1 厘米 湖北枣阳九连墩 2 号墓出土 湖北省博物馆藏）

图 5-1-101 素面铜胄（战国 长 22 厘米 高 19.5 厘米 宽 19 厘米 河南博物院藏）

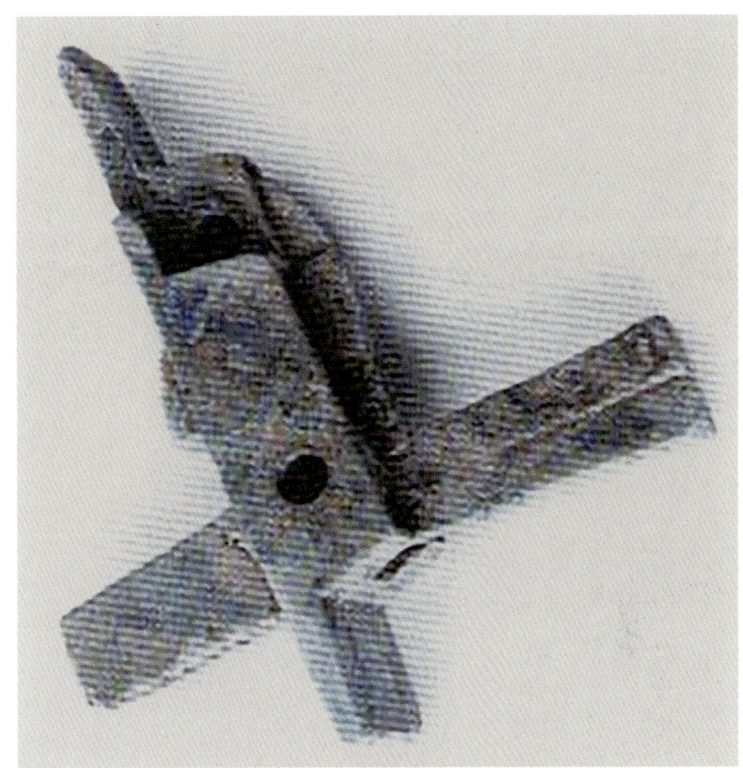

图 5-1-102　铜弩机（湖南长沙黄泥塘三号西晋墓出土）

图 5-1-103　持刀操盾俑（湖南长沙金盆岭晋墓出土）

图 5-1-104 武士俑（西晋 高 66 厘米 河南洛阳偃师顾县出土 洛阳市文物局藏）

图 5-1-105 武士俑（西晋 高 35.5 厘米 河南洛阳孟津送庄出土 洛阳市文物局藏）

图 5-1-106 武士俑（西晋 高 35 厘米 河南洛阳宜阳出土 洛阳市文物局藏）

图 5-1-107 执盾武士俑（西晋 高 35.5 厘米 河南洛阳嵩县库区出土 洛阳市文物局藏）

图 5-1-108 执盾武士俑（西晋 高45厘米 河南洛阳偃师高龙出土 洛阳市文物局藏）

图 5-1-109 执盾武士俑（西晋 高 40.5 厘米 河南洛阳出土 洛阳市文物局藏）

图 5-1-110 执盾武士俑（西晋 高 45 厘米 河南洛阳偃师高龙出土 洛阳市文物局藏）

图 5-1-111　彩绘武士画像砖（南朝　长 38 厘米　宽 19 厘米　厚 6 厘米　河南邓州出土　南阳市博物馆藏）

图 5-1-112　青釉武士俑（北朝　高 58.3 厘米　河南洛阳出土　洛阳市文物局藏）

图 5-1-113　灰陶武士俑（北朝　三门峡博物馆藏）

图 5-1-114 武士俑（南北朝 高 27.8 厘米 河南洛阳出土 洛阳博物馆藏）

图 5-1-115 兵器架（西汉 高 89 厘米 宽 35 厘米 1973 年湖南长沙马王堆汉墓出土 湖南博物院藏）

图 5-1-116 错金铜弩机（西汉 湖南长沙马王堆利苍墓出土）

图 5-1-117 二桃杀三士画像石（汉 长110厘米 宽41.5厘米 河南博物院藏）

图 5-1-119　角质剑（西汉　湖南长沙马王堆利豨墓出土）

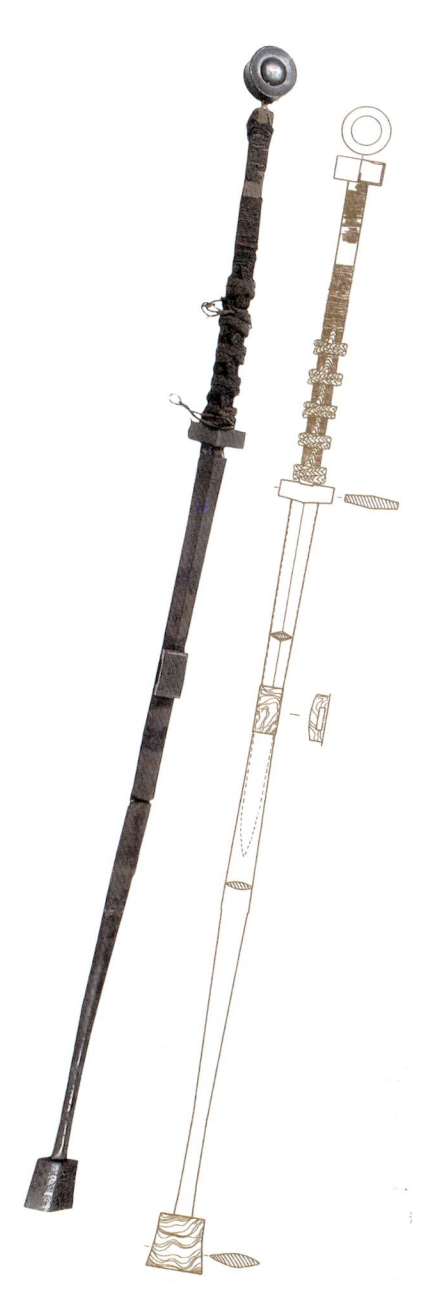

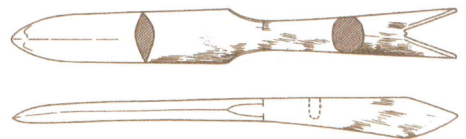

图 5-1-120　角质矛（西汉　湖南长沙马王堆出土）

图 5-1-118　角质长剑（西汉　湖南长沙马王堆利豨墓出土）

图 5-1-121　螭龙纹玉剑格（汉　高 1.8 厘米　宽 4.8 厘米　厚 2 厘米　许昌博物馆藏）

图5-1-122 彩绘陶武士俑（西汉 高48厘米 陕西咸阳出土 河南博物院藏）

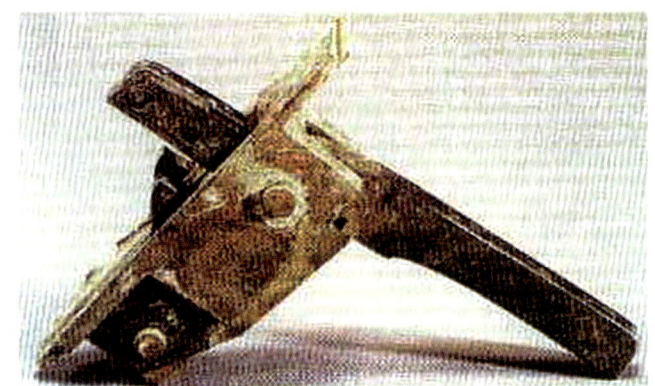

图5-1-123 彩绘漆弩及错金铜弩机（西汉 湖南长沙马王堆汉墓出土）

图5-1-124 铜弩机（西汉 焦作市博物馆藏）

图 5-1-125 锥画漆弩机（西汉 湖南长沙马王堆汉墓出土 长 70 厘米 湖南博物院藏）

图 5-1-126 铜弩机（汉 长 19.8 厘米 许昌博物馆藏）

图 5-1-127　铜弩机（东汉　湖北武汉新洲三店出土）

图 5-1-128　铜弩机（三国　长 19 厘米　通高 21 厘米　厚 3.1 厘米　南阳市博物馆藏）

图 5-1-129 东汉环首铜刀（东汉　该环首刀长 86 厘米　刃宽 2.4—2.8 厘米　背厚 0.8 厘米　襄阳市博物馆藏）

图 5-1-130 鎏金铜龙首柄（东汉　河南洛阳偃师寇店西朱出土　洛阳博物馆藏）

图 5-1-131　青瓷执盾俑（三国　通高 28.9 厘米　盾高 18.2 厘米　湖北武汉黄陂滠口出土　武汉博物馆藏）

图 5-1-132 彩绘铠甲武士俑（河南洛阳偃师寨后出土）

图 5-1-133 彩绘铠马武士俑（北魏 高 17.8 厘米 河南洛阳偃师南蔡庄出土 洛阳市文物局藏）

图 5-1-134 彩绘铠马武士俑（北魏 残高 15 厘米 河南洛阳偃师南蔡庄出土 洛阳市文物局藏）

图 5-1-135 彩绘武士俑（北魏 高 23.5 厘米 河南洛阳出土 洛阳市文物局藏）

图 5-1-136 彩绘执盾武士俑（北魏 高 24 厘米 河南洛阳出土 洛阳市文物局藏）

图 5-1-137 彩绘陶武士俑（北齐　河南濮阳柳屯李亨墓出土　濮阳市博物馆藏）

图 5-1-138 彩绘陶按盾武士俑（北齐　高 55 厘米　河南濮阳柳屯李亨墓出土　濮阳市博物馆藏）

图 5-1-139 彩绘武士俑（北魏 高 17 厘米 河南洛阳偃师南蔡庄出土 洛阳市文物局藏）

图 5-1-140 彩绘执盾武士俑（北魏 高 19 厘米 河南洛阳老城东北元邵墓出土 洛阳市文物局藏）

图 5-1-142 彩绘执盾武士俑（北魏 高 17.1 厘米 河南洛阳偃师南蔡庄出土 洛阳市文物局藏）

图 5-1-141 彩绘执盾武士俑（北魏 高 29 厘米 河南洛阳偃师南蔡庄出土 洛阳市文物局藏）

图 5-1-143 彩绘执盾武士俑（北魏 高 38.5 厘米 河南洛阳偃师寨后出土 洛阳市文物局藏）

图 5-1-144 白釉瓷武士俑（隋 高 73 厘米 河南安阳张盛墓出土 河南博物院藏）

图 5-1-145 白釉武士俑(隋 高72厘米 河南安阳张盛墓出土)

图 5-1-146 剑（局部）（隋 河南洛阳邙山出土 美国大都会艺术博物馆藏）

图 5-1-147 武艺砖画（汉 洛阳博物馆藏）

图 5-1-148 彩绘武士俑（唐 高 43 厘米 河南洛阳偃师北窑出土 洛阳市文物局藏）

图 5-1-149 持刀陶俑（唐 通高 40.5 厘米 座高 11.2 厘米 底径 10.9 厘米 湖南长沙高塘岭长沙轴承厂出土 长沙市博物馆藏）

图 5-1-150 胡人功架图（唐 河南博物院藏）

图 5-1-151 青釉持刀胡人瓷俑（唐 通高 27.1 厘米 宽 7.2 厘米 长沙市博物馆藏）

图 5-1-152 持刀陶俑（唐 湖北武汉武昌吴家湾出土）

图 5-1-153 持刀陶俑（唐 湖北武汉武昌吴家湾出土）

图 5-1-154 唐三彩人物俑（唐 平顶山博物馆藏）

图 5-1-155 武士砖雕（北宋 河南博物院藏）

图 5-1-156 男石俑（北宋 分别高 44 厘米 43.5 厘米 河南方城金汤寨出土 河南博物院藏）

图 5-1-157 画像砖上的武术图（宋 河南邓州出土）

明清时期，各种武术技法异彩纷呈，出现了以刀、枪、剑、棍等为兵器的众多门派，拳种拳派增多，创立了内家拳、梅花拳、太极拳、洪拳、八封拳、形意拳、南拳、少林拳等。另外，导引养生与武术结合，"内外兼修"成为武术的重要的特征之一。可以说，武术文化的成熟形态在明清形成。各种拳种拳派的理论及技术均铸有深刻的武德文化内涵。它不仅为后世武术的发展开创了广阔的空间，而且也确立了中华武术在世界武坛的地位。

华中地区在原始社会就存在武术的雏形，随着朝代的更替，战争的连绵不断，武术的发展日臻完善，产生了南拳、邬家拳、象形拳、少林拳等。尤其是湖南长沙马王堆出土的三号汉墓的导引图，讲究精、气、神的训练，其与人体生命息息相关，调意以养神；以意领气，调呼吸以练气，以气行推动血运，周流全身；以气导形，通过形体、筋骨关节的运动，使周身经脉畅通，营养整个机体。所以，古代把导引术归类于武术的范畴，并成为武术秘籍之一。

图5-1-158 红陶武士俑（明 平顶山博物馆藏）

图 5-1-159 飞剑图（明 美国大都会艺术博物馆藏）

图 5-1-160 铁炮（清 湖北武汉汉阳南岸嘴出土）

第六章
博弈文化

中国古代体育文物·华中卷

博弈是古代人民娱乐文化生活的重要组成部分，为当时社会各阶层人士广泛爱好的一种游戏。它参与了人类日常生活、生理、心理等机制的调节，孕育了人们的拼搏求胜的精神和思想品德以及审美情趣，并铸成一种具有丰富内容的文化形态。

博弈一词，最早见于《论语》："饱食终日，无所用心，难矣哉。不有博弈者乎？为之犹贤乎已！"博弈的本质是游戏，后又引申为体育或赌博等娱乐活动。博弈主要分"博戏"和"弈戏"两部分。其中"博戏"包括：六博、樗蒲、采选、藏钩、双陆、骨牌、麻将等。"弈戏"包括围棋、象棋等。博弈在长期的历史发展中，由最初的娱乐性逐渐向竞技性、体育性、教育性等方面发展，并形成俗雅之分。

图 6-1-1　琉璃珠（战国　湖北荆州江陵九店 294 号墓出土　湖北省博物馆藏）

图 6-1-2　博具（秦　湖北随州云梦睡虎地 11 号秦墓出土　湖北省博物馆藏）

图 6-1-3 六博宴饮图（汉 河南偃师高龙辛村西南汉墓出土 高 89 厘米 宽 27 厘米 偃师商城博物馆藏）

图 6-1-4 六博瓷俑（汉 河南郑州大象陶瓷博物馆藏）

图 6-1-5　十八面骰（西汉　径 4.5 厘米　湖南长沙马王堆汉墓出土　湖南博物院藏）

图 6-1-6　博具（西汉　湖南长沙马王堆汉墓出土　湖南博物院藏）

图 6-1-7　博局盘（西汉　边长 43.2 厘米　高 4 厘米　湖南长沙望城坡渔阳墓出土　湖南博物院藏）

图 6-1-8　白釉瓷围棋盘（隋　高 4 厘米　边长 10 厘米　河南安阳张盛墓出土　河南博物院藏）

图 6-1-9 瓷围棋盘（唐）

"博弈"一词中，"博"是指六博，"弈"是指围棋。古人将博弈并列在一起，是因为两者都是"局"或"枰"上进行的竞技或精神游戏。博弈之戏源于中国的术数文化，其中包含了占卜等迷信思想。

博弈涵盖了许多古代辩证法及象数、伦理等方面的智慧游戏。发展过程中，汲取了传统文化的精华，蕴含了易学的太极整体论、阴阳辩证论、八卦生成论，河图洛书等象数逻辑思想。从而创造了以"变"为核心的各种博弈形式，如六博、挎蒲、双陆、围棋、象棋等，使博弈的局子、着法、棋理中充满了古代哲理、伦理和朴素辩证法思想。正因为博弈有着这样的本质特征，使它有丰富的文化内涵，并对中国文化产生了深远的影响。六博、挎蒲在战国时候时期盛行于各国，上自君王，下至平民，无不染指浸淫。而围棋一度处于附庸地位，随着人们对围棋认识的不断深入，其影响力越来越大。

弈应是围棋最古老的称谓，许慎《说文解字》中解释说："弈，围棋也。从廾，亦声。"廾，从两手，是两人举手握棋对局的形象。先秦时期，"弈"是中原诸国的通行语，是北方区域性棋种，它的发展与各地的社会风俗有关。

古时黄河中下游地区社会生活节奏较为舒缓，而围棋又甚玄妙，变幻莫测，颇合士人雅趣，故围棋又称"手谈"。又因为下围棋能使人有超脱凡俗之感，故围棋又称"坐隐"，即无论身处何地，只要一坐在棋枰之前，便能摆脱世俗牵挂，与隐士无异。这与围棋作为静文化的潜质相适应。此外，围棋在军事方面还表现出智力游戏，不仅具有刺激性和挑战性，还包含着极丰富的艺术性和创造性。东汉马融在《围棋赋》中述："略观围棋兮，法于用兵，三尺之局兮，为战斗场。陈聚士卒兮，两敌相当，怯者无功兮，弱者先亡。"围棋以其魅力深为古人所喜爱。

魏晋南北朝时期，围棋已十分盛行，不少士人痴迷弈棋并通过下棋陶冶情操。南朝著名文学家沈约在《棋品序》中说："汉魏名贤，高品间出；晋宋盛士，逸思争流。"当时不仅高手迭出，还出现专门的论著。南朝时，不少皇帝喜爱围棋并加以提倡，从而使围棋活动在全社会广泛开展。当时还出现了"品棋"，即评定棋手的品位。魏晋南北朝时期，围棋棋盘得到了进一步的完善，出现了纵横十九线的棋盘，并一直沿用至今。唐代，围棋活动更为普及，不仅出现了不少围棋高手，并著有《原弈》《凤池图》《棋诀》《金谷园九局图》等围棋专著。还有许多士人写下了歌咏围棋的诗篇。如杜甫的《江村》，白居易的《刘十九同宿》《官舍闲题》，元稹的《酬段丞与诸棋流会宿弊局见赠二十四韵》。唐玄宗时，还设立了棋待诏官职，官阶九品。棋待诏虽然官职不高，但这一制度却确立了围棋在中国古代文化中的地位。五代时期，战争频繁，许多士人隐居山中，以下棋打发时光。宋代围棋更加普及，士人们将下棋作为休闲生活的一部分，以此调节自己的情绪。明清时期，围棋已深入到市井，弈棋、观棋、评棋成为人们生活的重要内容，成为表现才智的重要方式，甚至将棋局视为人生和仕途的象征，通过观棋体验人生的哲理和社会的兴衰变化。

华中地区湖南、湖北、河南有着丰富的、历史悠久的博弈文化，在墓室砖画、陶俑、瓷器等中都存有遗物。

图6-1-10 六博图（汉　长172厘米　宽37厘米　厚30厘米　南阳汉画馆藏）

图 6-1-11 绿釉陶六博俑（东汉 河南灵宝张湾 3 号墓出土 高 24.2 厘米 河南博物院藏）

图 6-1-12 龙虎博局纹铜镜（西汉 平顶山博物馆藏）

图 6-1-13　鎏金博局纹铜镜（西汉　直径 13.8 厘米　湖南长沙杨家山 304 号墓出土　湖南博物院藏）

图 6-1-14　博局纹铜镜（汉　平顶山博物馆藏）

图 6-1-15 尚方禽鸟博局纹镜（东汉 直径 13.8 厘米 河南博物院藏）

图 6-1-16 鎏金博局纹铜镜（东汉 直径 20.8 厘米 湖南长沙小吴门 2 号墓出土 湖南博物院藏）

图 6-1-17　鸟兽博局纹铜镜（东汉　直径 16.4 厘米　河南夏邑胡桥征集　商丘博物馆藏）

图 6-1-18　宋王质观弈铜镜（宋　直径 11.5 厘米　边厚 0.4 厘米　湖南博物院藏）

图 6-1-19 弈棋砖雕（砖长 2.4 厘米 宽 2.8 厘米 厚 0.4 厘米 洛阳博物馆藏）

图 6-1-20 白瓷亭台弈棋枕（唐 湖北黄梅出土 高 11.8 厘米 宽 16.6 厘米 底径 13.5 厘米 湖北省博物馆藏）

图 6-1-21 对弈图瓷瓶（宋 民间收藏）

图6-1-22 选仙钱(北宋 民间收藏)

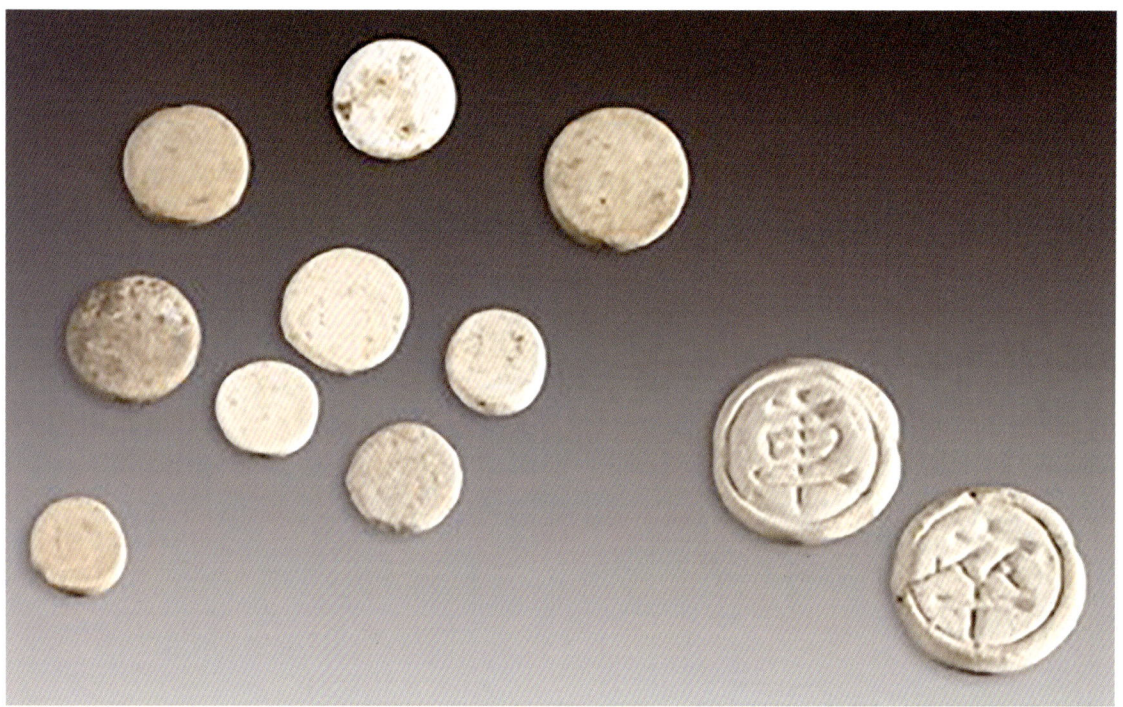

图6-1-23 青白瓷棋子(宋 象棋子径2.7厘米 厚0.4厘米 围棋子径1.4—2厘米 厚0.4厘米 湖北巴东旧县坪遗址出土 湖北省博物馆藏)

图 6-1-24 象棋子（宋　河南博物院藏）

图 6-1-25 扛牌人物砖雕（元　高 33.5 厘米　河南焦作西冯封出土　河南博物院藏）

图 6-1-26 白地黑花侍女对弈图长方形枕（元　河南郑州商城遗址出土）

图6-1-27 弈棋（明 佚名 绢本设色 湖南博物院藏）

图6-1-28 青花弈棋簋形香炉（明 高12厘米 口径16厘米 底径12.8厘米 湖北武汉江夏流芳墓地出土 武汉博物馆藏）

图6-1-29 棋乐图（局部）（明 河南博物院藏）

图 6-1-30 任又亭对弈图（清 横 33 厘米 纵 17 厘米 湖南博物院藏）

图 6-1-31 婴戏图（局部）（清 湖北省博物馆藏）

第七章
简牍帛书中的体育符号

中国古代体育文物・华中卷

简牍是我国古代遗存下来的写有文字的竹简和木片的总称。东汉许慎在《说文解字》中述：简，从竹，简声；牍，书版也，从片。由此可以知道早期的简是竹制的，牍为木质。简牍是指用以书写文字的竹木条。我国文字书写的历史曾走过了甲骨、简牍、纸张三个重要阶段，它构成了我国古代文字传承系统，使大量历史文献得以流传，其中简牍充当了承前启后的重要作用，所以说，简牍是历史遗留的宝贵文档，简牍学由此成为一门国际显学。

根据考古遗址出土的实物简牍，年代最早的是战国时期的楚简，此后相继出土了秦、汉至魏晋时期的秦简、汉简和晋简。到目前为止，全国挖掘出土的简牍数量达几十万枚，跨越了战国、秦、汉、晋、唐、西夏六个朝代，其中以秦、汉简牍最多。由于简牍取材方便，即使在汉代纸张发明以后，简牍仍然与纸互相依存，直至隋唐以后，随着纸张的全面使用，简牍的使用才逐步消失。但在简牍广发流行的千余年间，社会上下阶层都普遍使用简牍，主要用它来颁诏令、布文书，记载账目、驿传法规、士卒训练、游牧狩猎、乐舞歌人、娱乐竞技、导引养生等，实际上它记载了人们在社会经济、政治、生活、思想情感、日常习俗等各方面的实况。

简牍作为出土的第一手资料，在历史记载的准确性方面是任何一种文献所不能比拟的，因简牍作为随葬品并不向外传播，所以可以平实记述，很少受外界干扰和影响，就墓中出土的简牍来说，它保留更多的原始的古本形态，免去后人的增删，附会和抄写错漏。可以说，出土的简牍史料是真实可信的，我们可以凭借这些史料，对古代文献进行辑佚、校勘、考订，并为传世文献提供了最好的校本，因此，它具有重要的史料价值。简牍的编册制度，又是我国后世典籍制度的滥觞；简牍文字为研究我国古代文字的变化和发展，提供了文字资料；简牍的思想史，也是研究先秦至汉代思想史的重要资料。简牍研究不仅加深了人们对历史的认识，而且也丰富了我国的文化宝藏，是珍贵的文化遗产。

我国在春秋战国时期就以丝帛为书写材料，称为"帛书"，又名"素书"。帛书的发现主要是20世纪40年代初，在湖南长沙子弹库楚墓出土的帛书，它是一部与楚国历忌有关的遗物，对于研究楚国文化有珍贵的价值。70年代，湖南省长沙市马王堆三号汉墓出土了许多帛书，内容涉及老子、易经、医书等。其中医书中的《导引图》，是呼吸运动和躯体运动相结合的一种体育疗法，它对研究古代体育、养生具有十分重要的价值。我们对此也作了详细的学术研究，对体育学术界大有裨益。

中国古代养生术历史悠久，据《吕氏春秋·古乐》载，在原始社会末期的陶唐时代，古人就有"阴多，滞伏而湛积，水道壅塞，不行其原，民气郁阏而滞著，筋骨瑟缩不达，故作为舞以宣导之"的记录。这也是后来导引术、按摩术等古代养生方法的雏形。"导引"之名，就是从"教人引舞以利导之"的含义中产生的。所谓"导引"是古代的一种养生术。湖南长沙马王堆三号墓出土的西汉帛书"导引图"是最好的例证，它主要是通过呼吸吐纳，屈伸俯仰，活动关节，使血气流畅，以促进健康。

关于"导引"的解释，通俗易懂的记载见于《庄子·刻意》："吹响呼吸，吐故纳新，熊经鸟伸。此道引之士，养形之人，彭祖寿考者之所好也。"这里的"吹响呼吸，吐故纳新"就是呼吸运动。

关于"导引"的起源，可以追溯到尧舜时期。古代，由于水道壅塞，人们心气郁闷，筋骨淤塞，大家跳舞来宣导气血舒展筋骨。以后，"巫术"中的巫舞，其中的"禹步"也是一种导引健体运动。宋代罗泌的《路史》也有与以上内容相似的记载。可见，古代的"导引"，不仅历史悠久，而且还依据"流水不腐，户枢不蠹"的理论创造了不少招式和流派，并与经络结合，形成了颇有特色、切实可行的"运动医学"。

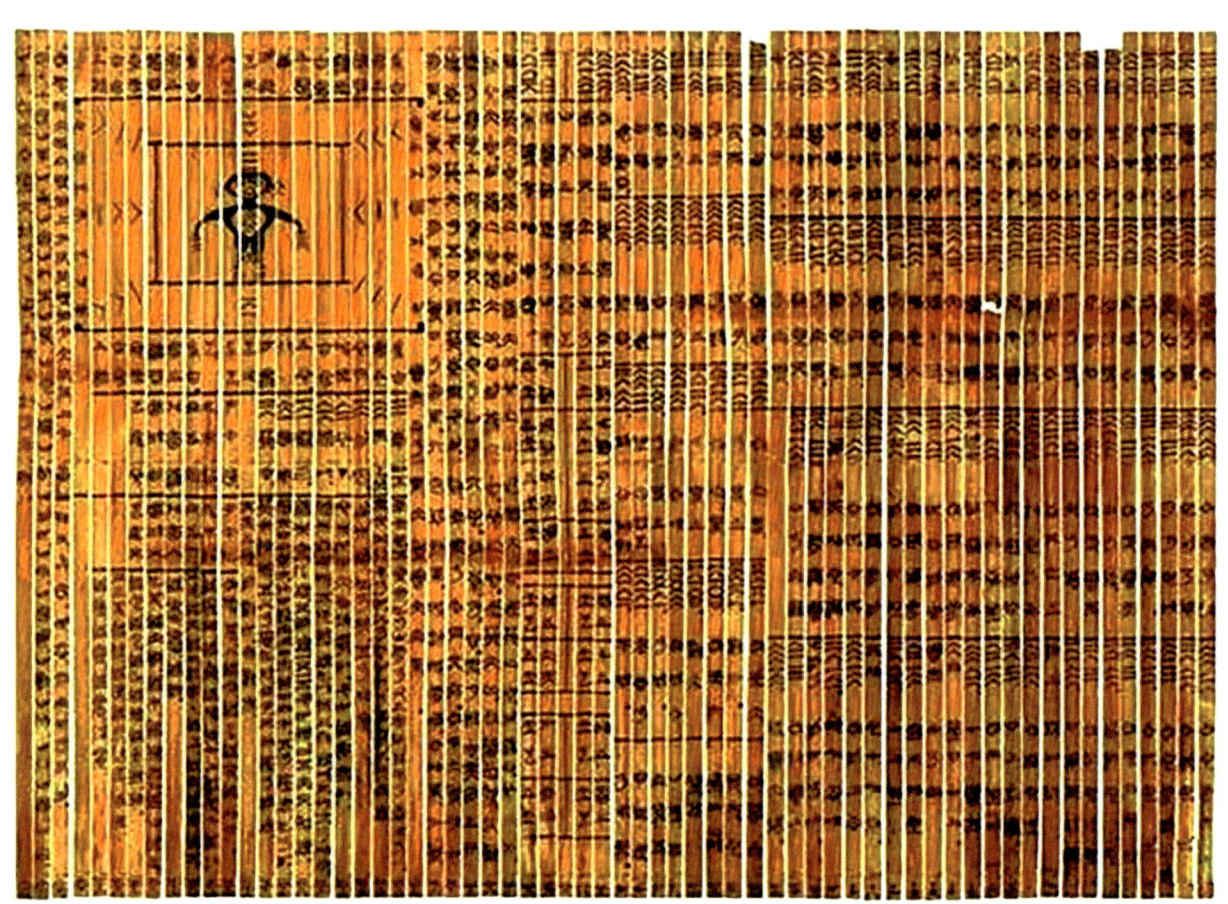

图 7-1-1　巫简（战国　湖北荆州出土　清华大学藏）

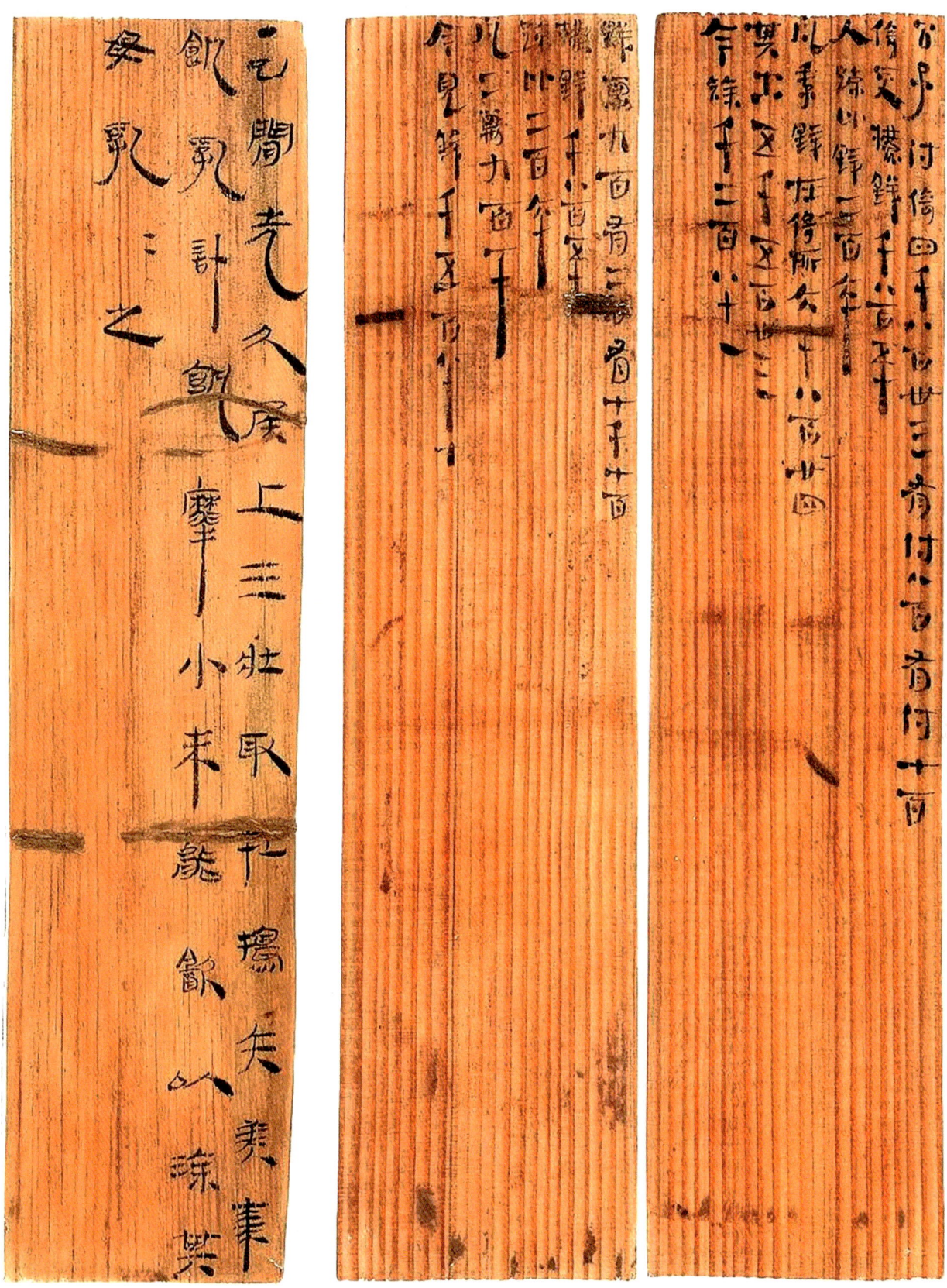

图 7-1-2 兵法（秦 长沙简牍博物馆藏）

图 7-1-3 斗殴（秦简 湖北随州云梦睡虎地出土 湖北省简牍中心藏）

图 7-1-4 医简《杂禁方》（局部）（西汉 湖南长沙马王堆汉墓出土）

图 7-1-5 医简《养生方》(局部)(西汉 湖南长沙马王堆汉墓出土 湖南博物院藏)

图7-1-6 医简《合阴阳》(西汉 湖南长沙马王堆汉墓出土)

图 7-1-7 医简《十问》(西汉 湖南长沙马王堆汉墓出土)

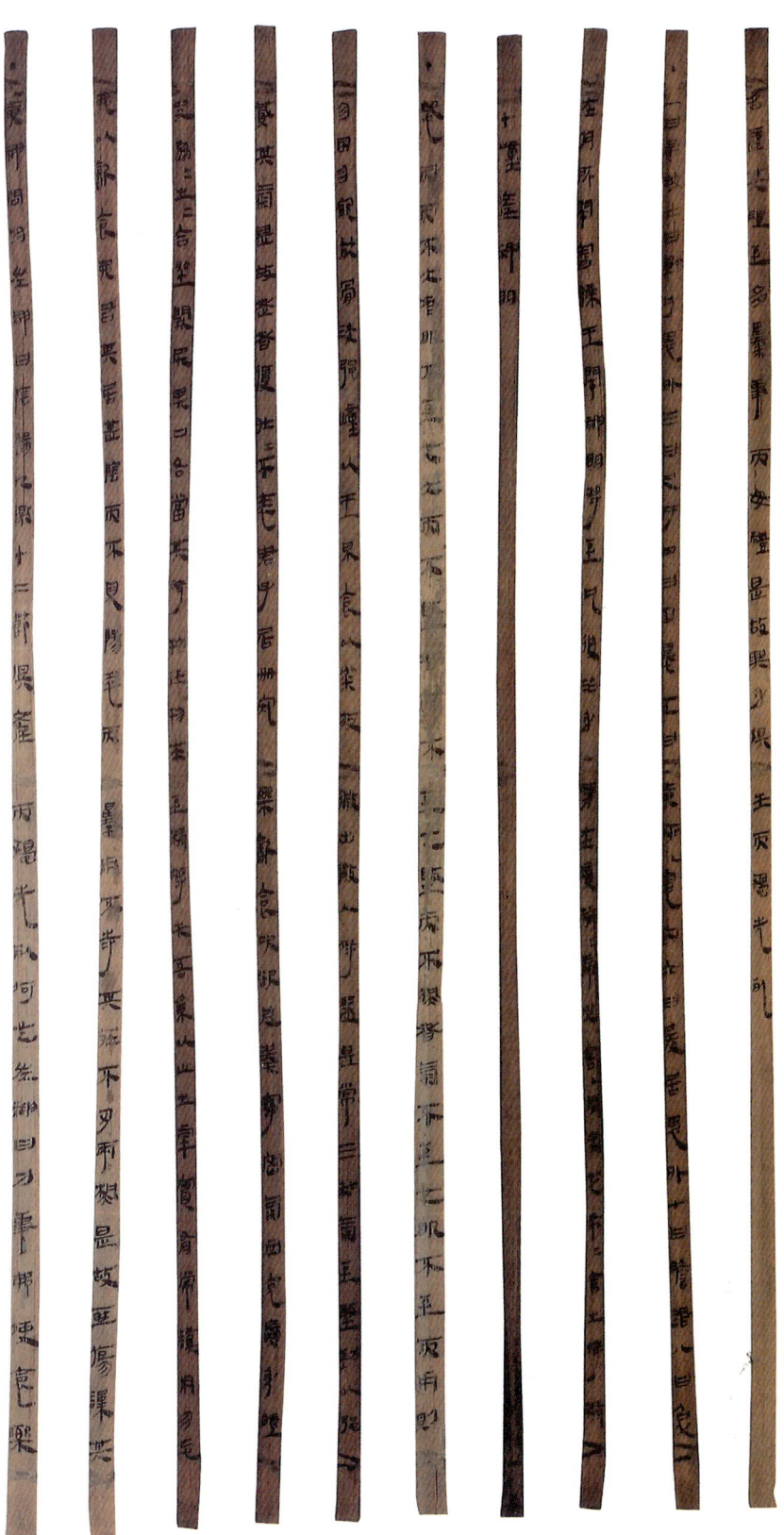

图 7-1-8 医简《天下至道谈》(西汉 湖南长沙马王堆汉墓出土)

第八章
强身益寿的养生术

中国古代体育文物 · 华中卷

武术对人体的探索一直以技击实践为推动力。从最初的本能自卫需要到后来的军旅武术，一直以最大的搏击力为目标。但明清之后，随着太极、形意等拳派的出现，习武者吸取了内家技术与道、儒两家的哲学思想，将习武提升为某种人生哲学的层次。但它对体育的贡献，在于体力的开发和姿势合理化的尝试，如站桩与动功至今仍是导引、吐纳、气功运动养生研究的热点。

从历史源流角度讲，古代曾有各种社会阶层从自身视角对生命的内求活动进行不同程度的探究，如医家之祛病、儒家之涵德、武家之壮力、释家之解脱等等。综合起来，各家实际上对生命种种层次与领域作了不同层次的探索，细分起来主要包括：形体调节、呼吸调节、心理调节、声音调节。其中每项又有更为精深的经验总结，蔚为壮观，构成了中国传统养生术智慧的主体，其技术之卓越，经验之全面，底蕴之深厚，在世界养生文化体系中是罕见的。

古代养生术的目的，是培养人们建立与保持一种机体机能收支平衡的自我意识和行为习惯。其中突出表现为："精、气、神"三位一体的生命观；"阴阳和谐"的健康机理；"正气内存，邪不可干"的保健思想；"节阳阴，调刚柔"的动静法则。在这种思想指导下，形成了"导引""行气""体操""太极""游艺""按摩"等多种类型的传统养生术。

华中地区的先民与中华民族的其他先民一样，对日常健康与养生有着较高的要求，也留存着大量宝贵的医学与养生文化知识，反映了悠久的医药和养生文化传统。长沙马王堆汉墓出土了16篇医学与养生文物，囊括了预防医学思想、医药理论、医疗方法和方剂。其中，"养生方"是迄今最古老的养生学专科文献，现存3000余字，记有医方80余个，内容主要涉及预防衰老、增进体力等方面。"导引图"堪称迄今为止中国考古发现最早的健身图谱，是我国最为珍贵的体育养生资料。图中每式为一人像，男、女、老、幼均有，或着衣，或裸背，均为工笔彩绘。其术式除个别人像作器械运动外，多为徒手操练。图旁注有术式名，部分文字可辨。马王堆简帛中的养生理念与方法概括如下：

(1) 聚精

《天下至道谈》与《十问》两书中提倡蓄精、聚精，认为人调理身体都必须存贮精气，如果耗尽精气则会损命。《十问》中说到"以精为充，故能长久"。《天下至道谈》谈到"凡彼治身，务在积精"。后孙思邈在《千金要方》提出"安生之本，必资于食"，人体想要存贮精气可通过药食与饮食的合理搭配达到聚精的目的。

(2) 益气

《却谷食气》记载"却谷者食石韦"，说明古人认为服用石韦来达到养气的目的，书中特别提到却谷食石韦时需要顺应四时，服食方法多样化，与聚精相辅相成。

(3) 养神

《十问》中提到天地万事万物皆需阴阳相

调,人想要长寿就必须达到天人合一,由此看出顺应天时对于养神的重要性。

(4) 重视食疗

《五十二病方》中记载丰富多样的药膳方,多达25种,品种众多,形成了"五谷为养、五果为助、五畜为益、五菜为充"的养生理念。《养生方》更是记载了79个医药方用以滋补身体,形成了丰富的养生方法与理念。

总体而言,马王堆简帛归结为"精、气、神"三大养生体系,针对"聚精、养气、存神"的养生理念及人体"五脏六腑"的内在联系呈现出"五行学说""阴阳学说""辩证学说",在这些学说体系中突显出"天人相应、顺应四时、饮食调摄、起居调摄"的养生理念与方法。

导引术是古人对养生与健康孜孜追求的产物,具有悠久的历史和较好的文化与健身价值。从现代体育学的角度来分析,马王堆导引术所创编的运动量以及动作的先后顺序完全符合运动生理学和体育运动学的相关要求及规律,属于有氧运动,安全可靠。整套马王堆导引术的功法特点是:一是循经导引,形意相随。二是扭转团缩,松张有驰。三是扭转拉伸,虚实交换。四是吐故纳新,身心合一。其健身理念:一是全身运动、内外合一。二是令和导气、令柔引体。三是定向疏导、畅通脉络。马王堆导引术通过肢体引导与意念的相互配合,突出强调了疏通脉络的健身理念。此导引术还特别提到呼吸意念,呼吸和动作的配合。总体规律是"起吸落呼,开吸合呼"。马王堆导引术中对意念的要求较多,在每一节的动作里都有意念活动的要求。

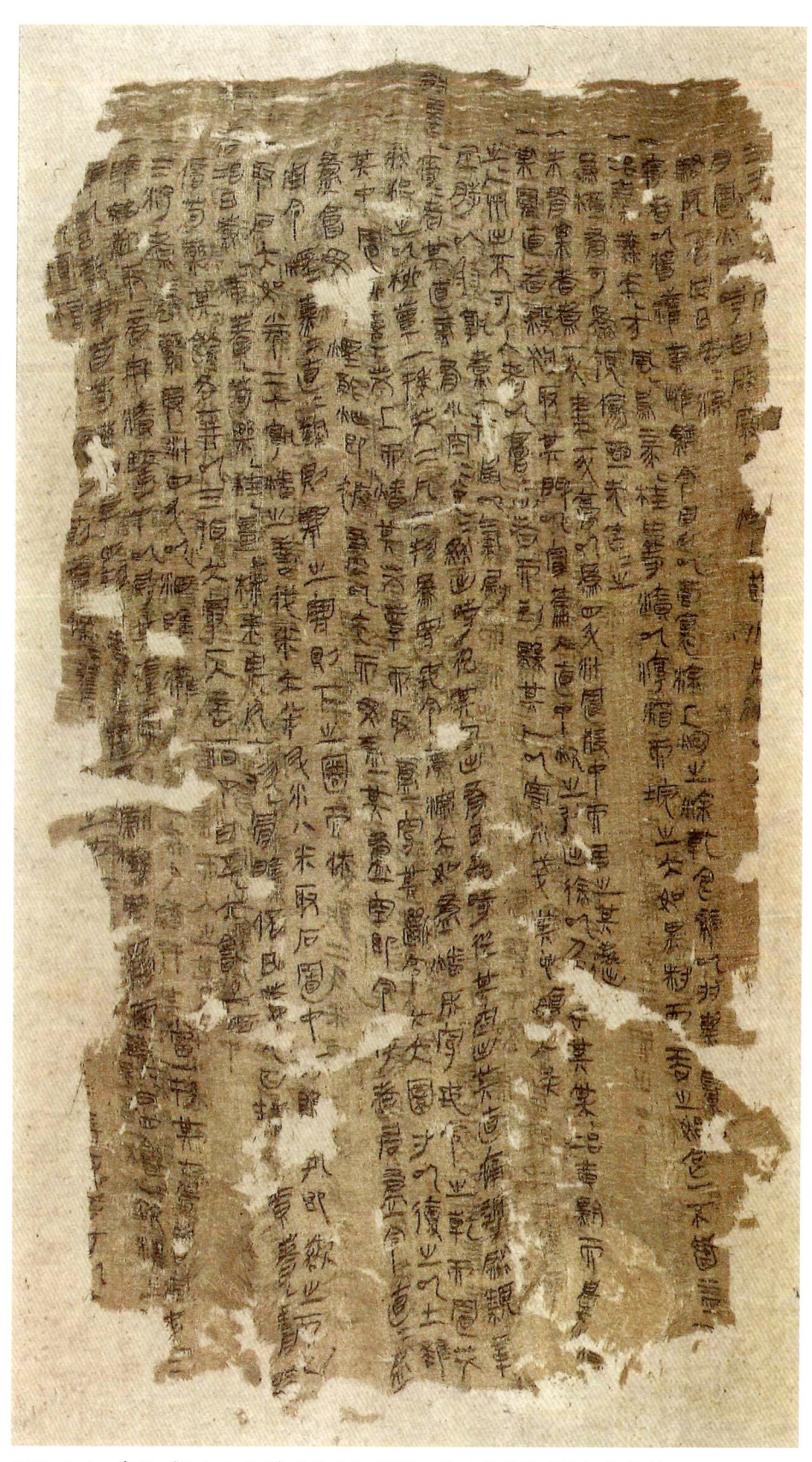

图 8-1-1　帛书《五十二病方》（局部）（西汉　湖南长沙马王堆汉墓出土）

图 8-1-2 帛书《疗射工毒方》(局部)(西汉 湖南长沙马王堆汉墓出土)

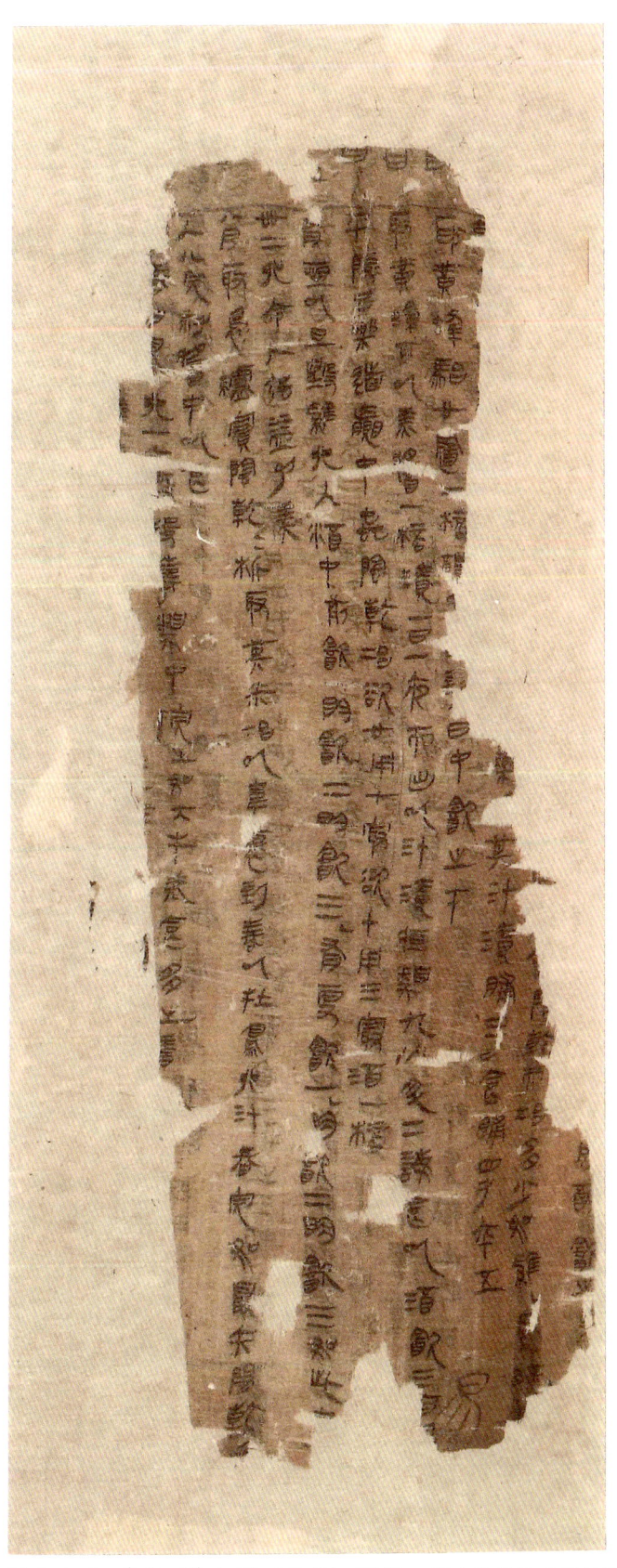

图 8-1-3 帛书《养生方》(局部)(西汉 湖南长沙马王堆汉墓出土)

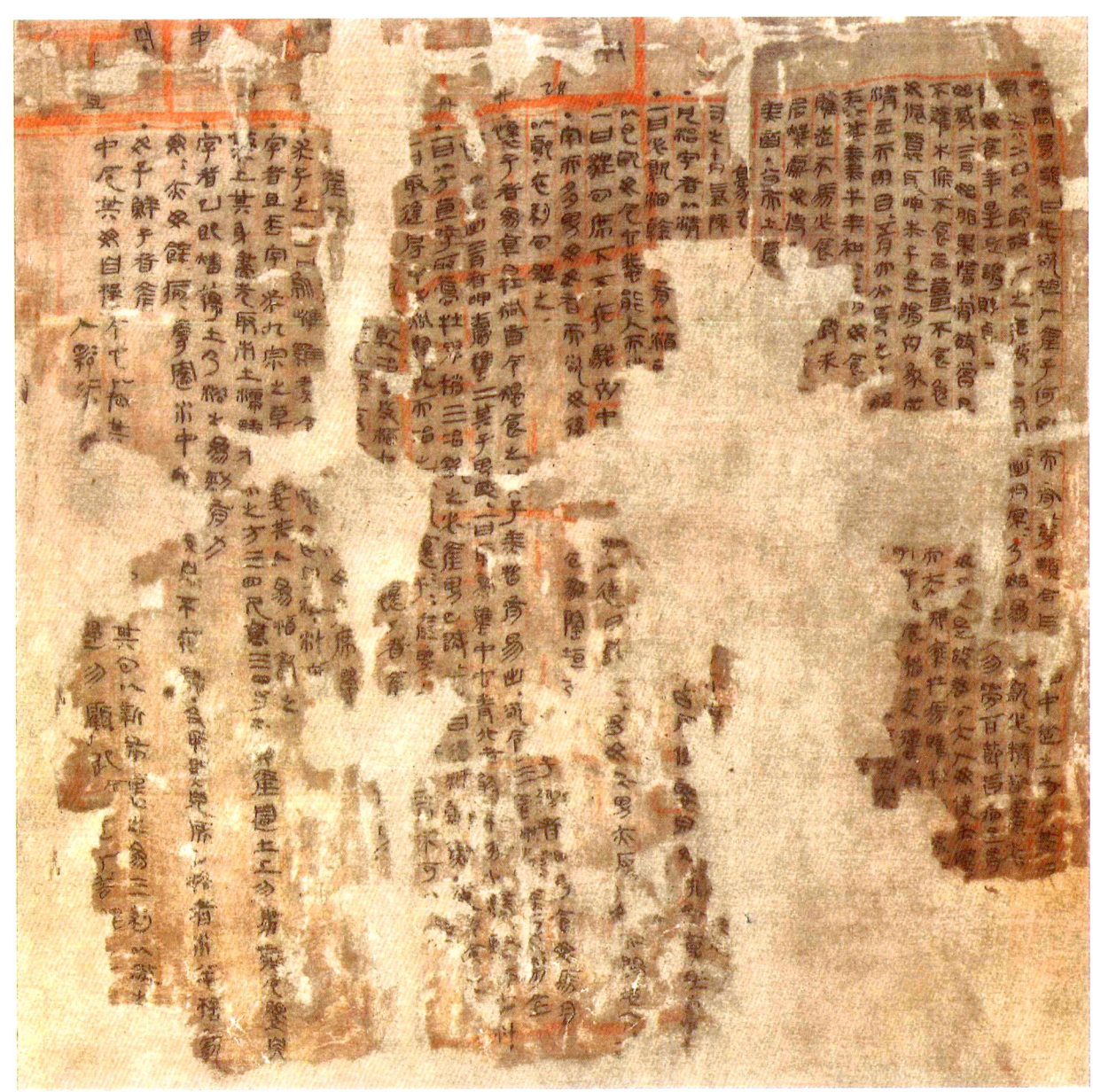

图8-1-4 帛书《胎产书》（局部）（西汉 湖南长沙马王堆汉墓出土）

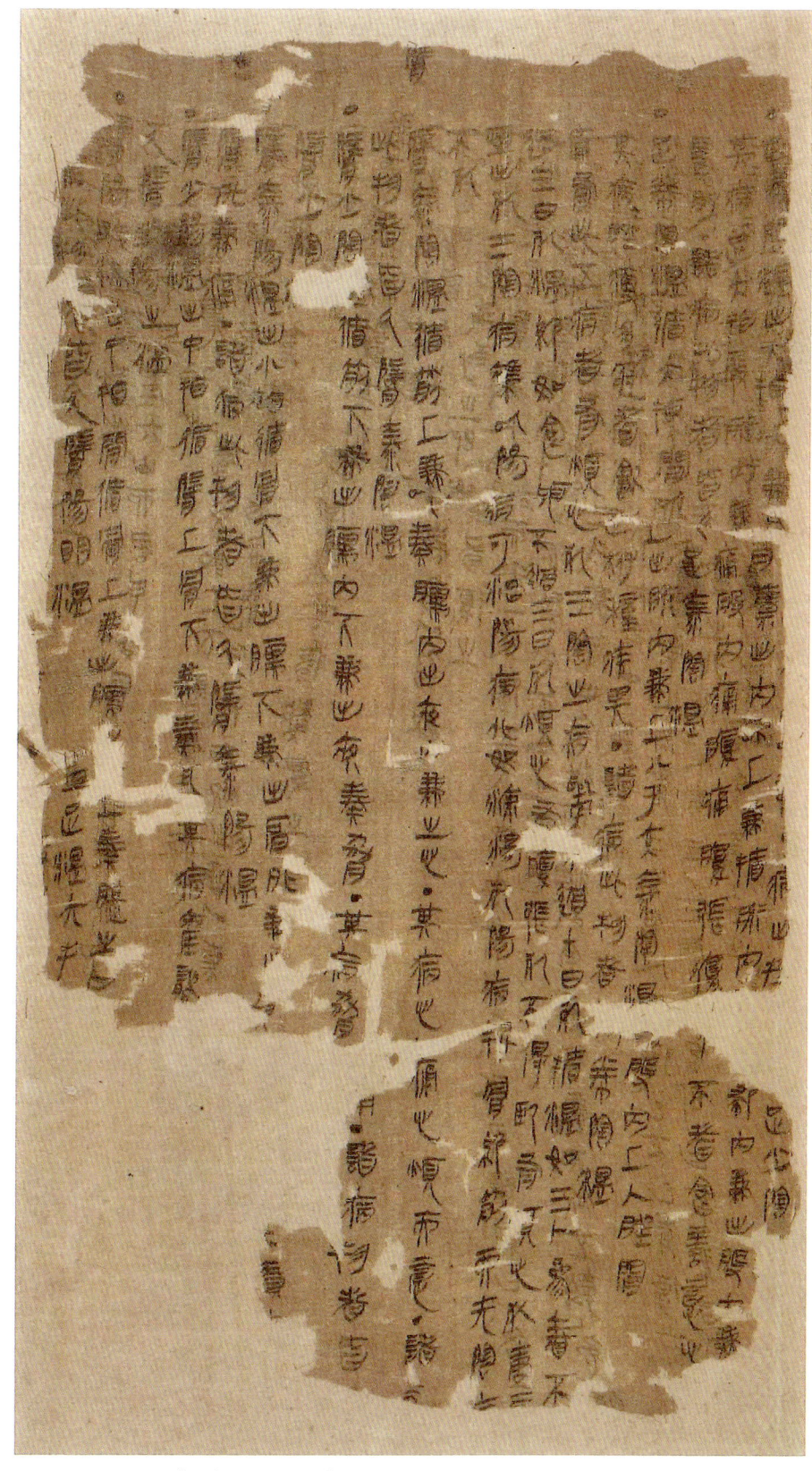

图 8-1-5　医书《足臂十一脉灸经》(局部)(西汉　湖南长沙马王堆出土)

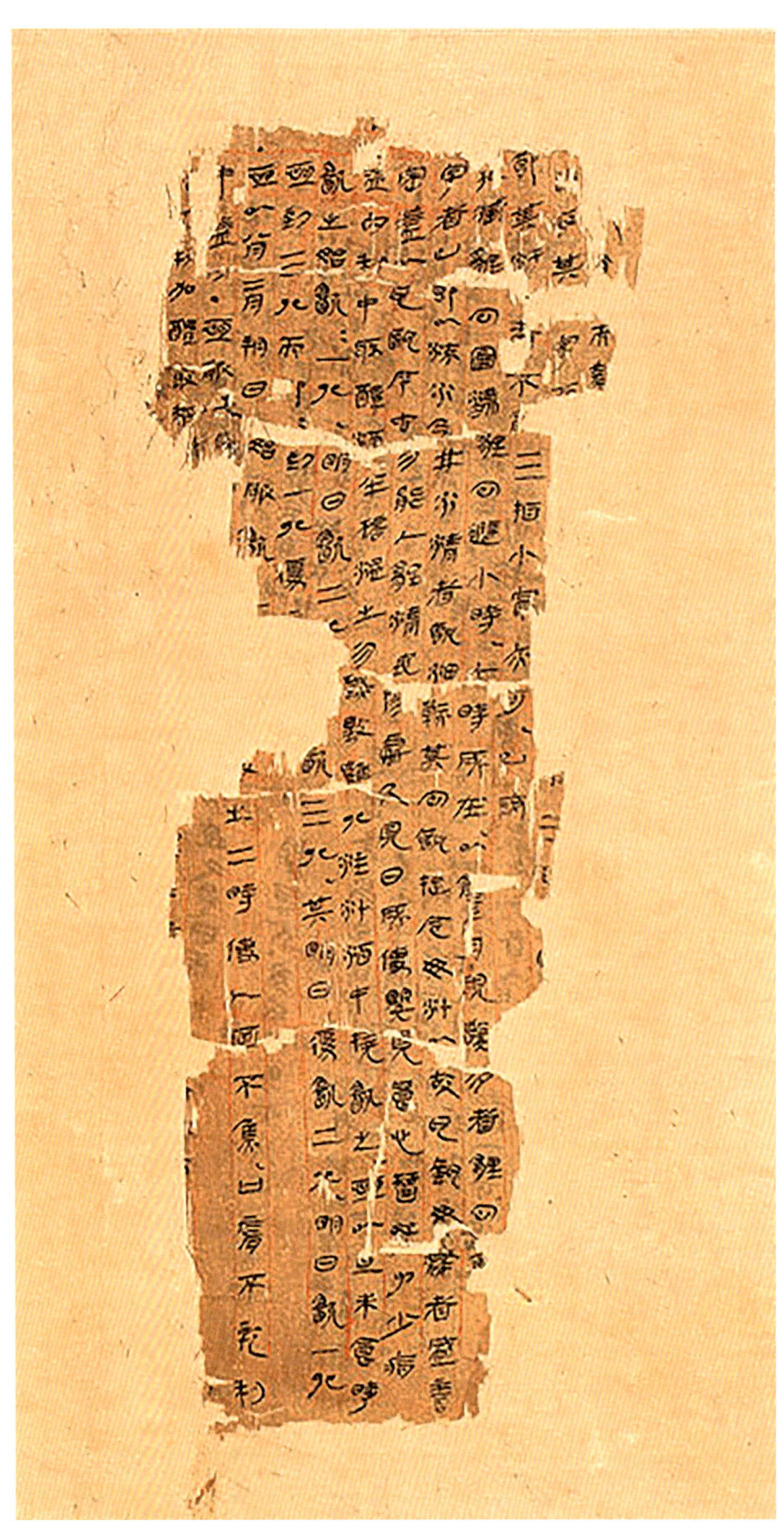

图8-1-6 帛书《杂禁方》(局部)(西汉 湖南长沙马王堆汉墓出土 湖南博物院藏)

图 8-1-7 帛书《脉法》（局部）（西汉 湖南长沙马王堆汉墓出土 湖南博物院藏）

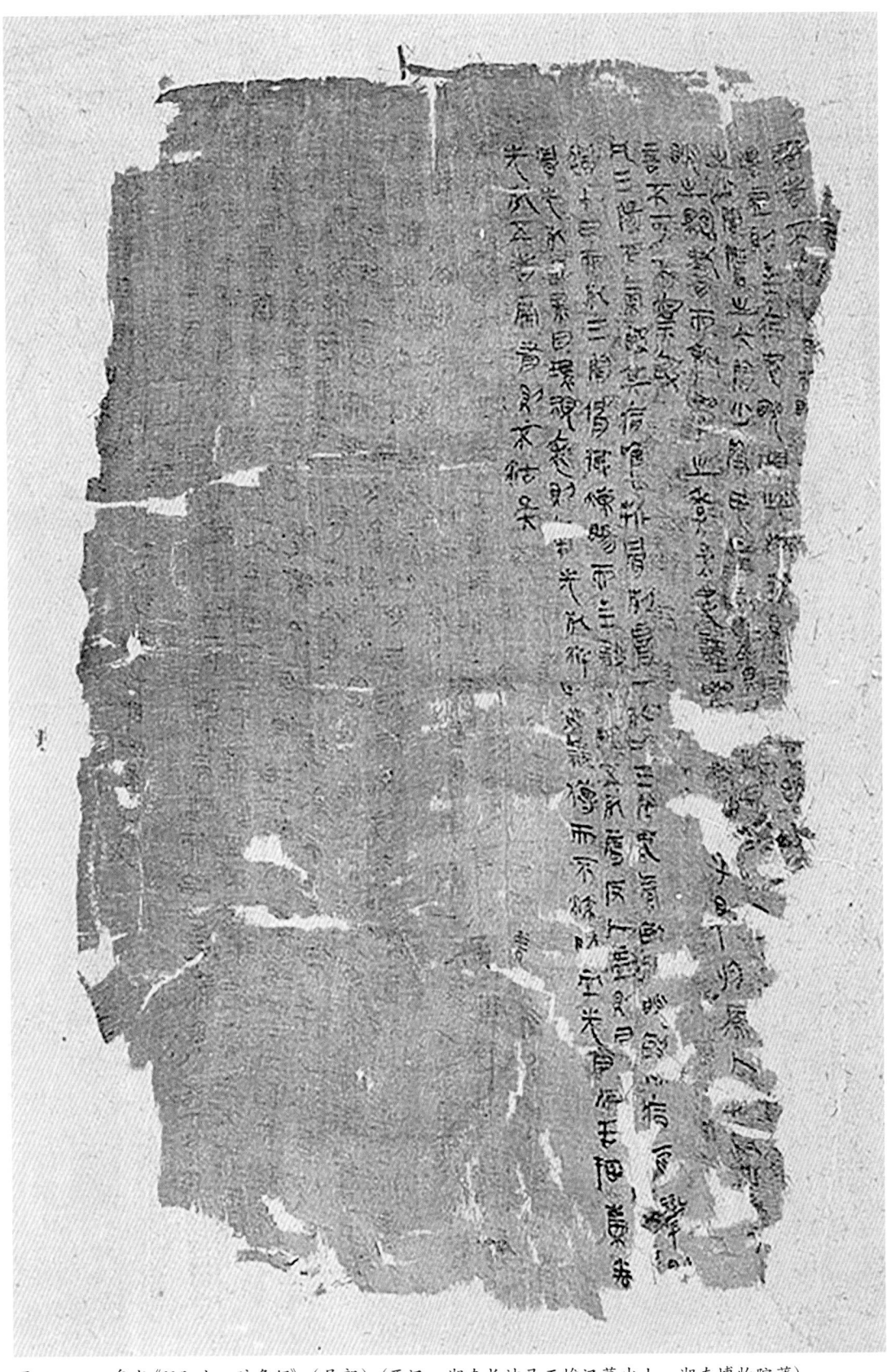

图 8-1-8　帛书《阴阳十一脉灸经》（局部）（西汉　湖南长沙马王堆汉墓出土　湖南博物院藏）

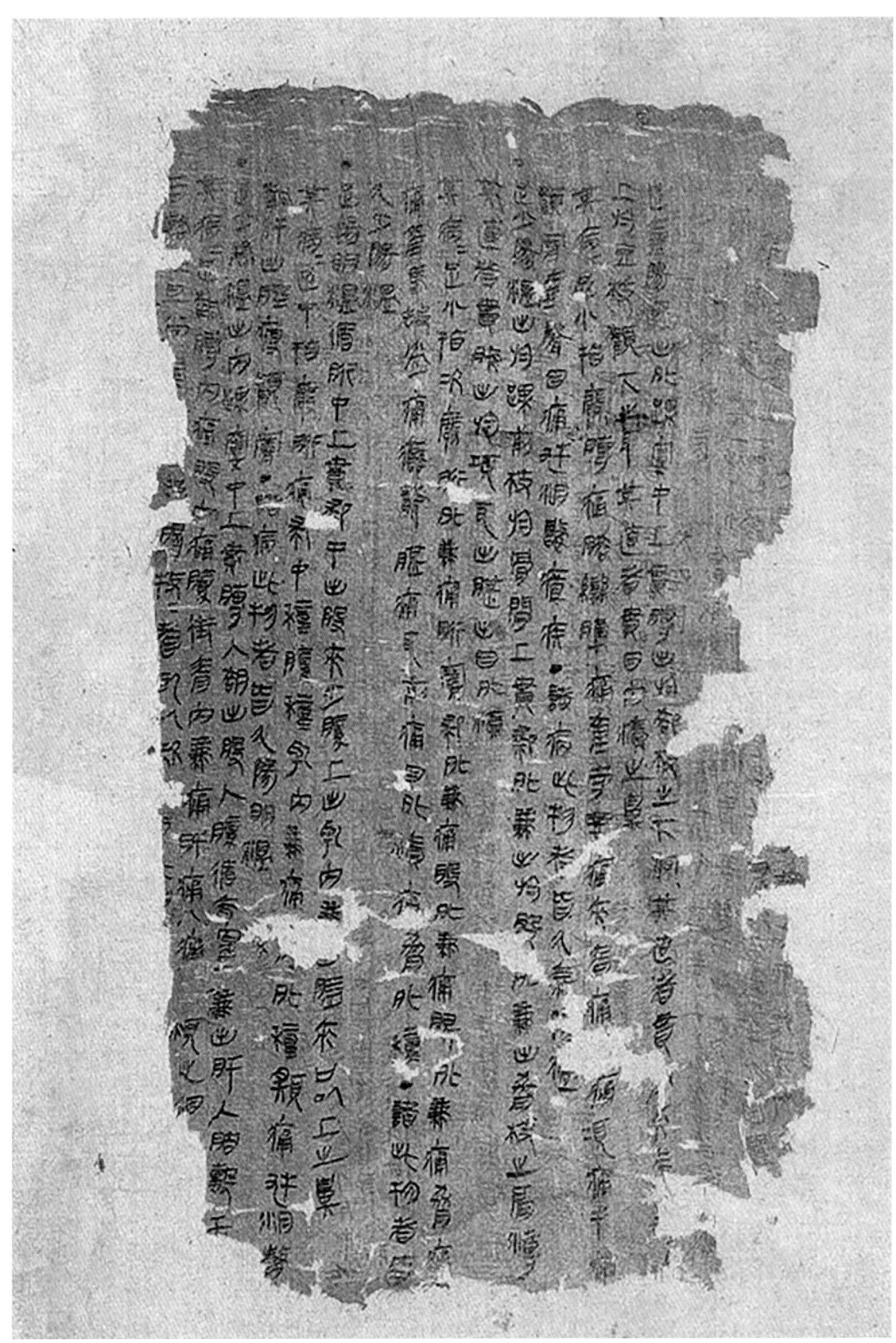

图 8-1-9 帛书《足臂十一脉灸经》（局部）（西汉 湖南长沙马王堆汉墓出土 湖南博物院藏）

图8-1-10 帛书《阴阳十一脉灸经》(局部)(西汉 湖南长沙马王堆汉墓出土 湖南博物院藏)

图 8-1-11　帛画《导引图》(西汉　湖南长沙马王堆汉墓出土　湖南博物院藏)

马王堆导引术的动作体现了中国古代传统医学的经络理论,其中引导和疏通气血可促进身体的经筋牵伸。马王堆导引术动作主要包括预备势胎息、挽弓、引背、凫浴、龙登、鸟伸、引腹、鸱视、引腰、雁飞、鹤舞、仰呼、折阴、收势等内容。十二个动作分别对应着十二经络,可完善身体状态和素质。

马王堆导引术符合现代健身的科学机理。马王堆导引术的编创遵循中医理论中的人体十二主要经络。比如:挽弓式,其遵循的经络是手太阴肺经,而手太阴肺经气盛有余的症状特征多见腰酸背痛、手脚冰冷、虚汗淋漓、频繁小便等等;引背式,其遵循的经络是手阳明大肠经,经所属穴位的针对性病理特征主要是口干舌燥,流清涕或出血,咽喉肿痛,肩酸背痛等,而引背正是以食指为轴进行旋转,从食指端经肘外侧的旋转运动,最终回到鼻翼两侧的位置,这一式的练习可以减轻眼睛的干涩以及由此引起的并发症状;凫浴式,其遵循的经络是足阳明胃经。其主要治疗的病症有:消化系统、神经系统等方面,具体表现为眼耳口鼻等多发症状,以及本经脉所经过部位之病症;龙登式,其遵循的经络是足太阴脾经,脾经失调主要与运化功能失调有关。中医认为脾脏主要维持和促进消化功能,能够及时将食物营养吸收并转化为身体机能所需的气血。若脾脏经脉一旦出现问题,人体便会出现腹胀、腹泻、身重无力等症状。

导引术是我国古代重要的锻炼形式和健身手段,长期流传于各种文化圈之中。古代导引术是以养生祛病为目的,以模仿各种动物的动作为主要表现形式。导引术是一种引动身体的运动,常与按摩、行气等结合运用,可从狭义与广义两个层次上理解,狭义的导引仅指肢体的屈伸运动,如葛洪在《抱朴子》所称的"屈伸之法";而广义的导引,是包含了按摩、行气及更多养生方法的导引。行气是另一个与导引紧密联系的概念,在历代有不同的称谓,如食气、服气、引气、炼气等,这些概念虽各有侧重,但从总体上是一种以呼吸为表现形式的锻炼类别。

随着马王堆导引术的现世,现代人对古人健身思想有了更为深刻的认识,这些健身手段时至今日仍可发挥独特的功效。现代科研人员对马王堆导引术的发掘与应用研究正在持续开展。古代楚人独特的养生与健康理念与实践模式意义非凡,有待进一步发掘研究。

图 8-1-12　四神云气图壁画(西汉　长 5.1 厘米　宽 3.3 厘米　河南永城芒砀山柿园汉墓出土　河南博物院藏)

图 8-1-13 云气图（西汉 河南永城出土 河南博物院藏）

图 8-1-14 行乐图（西汉 长 68.7 厘米 宽 34.9 厘米 1973 年湖南长沙马王堆汉墓出土 湖南博物院藏）

图8-1-15 太一祝图（西汉 湖南长沙马王堆汉墓出土）

图8-1-16 龟咽鹤息气功纹铜镜（宋 湖南博物院藏）

图8-1-17 青花人物罐（清 高12.7厘米 口径3.4厘米 底径5.2厘米 商丘博物馆藏）

结　语

　　文物的价值是客观存在的，是文物本身所固有凝集的。总的来说，体育文物主要有历史价值、艺术价值和科学价值等三个方面。体育文物的作用，是文物价值的具体体现。体育文物对社会所能起到的积极作用主要有教育作用、借鉴作用和为科学研究提供资料的作用。

　　体育文物包括与人类体育活动有关的文物遗迹和文化遗物。体育文物遗迹指反映人类体育活动的古遗址、古墓葬、古建筑、古窟寺、石刻、甲骨文、青铜器、简牍、砖画等。体育文化遗物内容较广，主要包括体现人类体育活动的各种器物、古书画和古文献等。这些文物遗迹和文化遗物，反映了人类社会体育文化发生、发展和演变等方面的情况，是体育学科研究的重要实物资料。

　　体育文物是历史文化的积淀和承续，既可以表现为外在于主体的文化遗产，又可以表现为内化于主体的民族精神。中华优秀传统文化是中华民族的突出优势，是我们最深厚的文化软实力。体育文物是我们提高国家文化软实力的深厚源泉和重要研究载体。因此，我们研究体育文物应首先将注意力投向精神文化。在文化结构中，精神文化是深层文化，它制约着整个精神文化的性质、面貌。而体育文物的目标则是提升人的精神境界，塑造至真、至善、至美的人性。

　　体育文物的传播可以超越一定的时空限制，以潜移默化、耳濡目染的方式在不同的地域、民族、群体中相互传播，给人们注入新的活力，达到新的境界，只有这样，才配称先进文化的美名。这也是体育文物研究可持续发展的重要支撑，也是提升我国文化软实力的独特优势。因此，保护体育文物的资源遗产具有极其重要的意义。

研究体育文物，不仅对于探索体育文化的发展历程有重要的意义，同时有利于从过去的体育发展中汲取经验，更好地丰富和完善体育发展体系，坚定体育文化自信，使体育能够更好地面对新时代、新挑战，在新的体育发展浪潮中把握机遇，迎难而上，实现在整合体育资源的基础上更好的创新发展。

图版索引

图 1-1-1　石斧（新石器时代　距今 9000—7800 年　2006 年湖南张家界武陵源东江采集）

图 1-1-2　石斧（新石器时代　距今 9000—4200 年　1990 年湖南常德鼎城韩公渡采集）

图 1-1-3　石斧（新石器时代　距今 9000—7800 年　1983 年湖南常德征集）

图 1-1-4　石斧（新石器时代　距今 9000—7800 年　1990 年湖南常德鼎城韩公渡采集）

图 1-1-5　石斧（新石器时代　距今 9000—7800 年　2006 年湖南张家界武陵源东江采集）

图 1-1-6　双孔石钺（新石器时代　距今 9000—4200 年　1988 年湖南常德安乡划城岗遗址采集）

图 1-1-7　石镞（新石器时代石家河文化时期　距今 4600—4200 年　2000 年湖南常德澧县城头山古文化遗址出土）

图 1-1-8　石钻（新石器时代石家河文化时期　距今 4600—4200 年　2000 年湖南常德澧县城头山古文化遗址出土）

图 1-1-9　石球（新石器时代龙山文化时期　距今 4600—4000 年　三门峡博物馆藏）

图 1-1-10　巨型带槽大石斧（新石器时代石家河文化时期　距今约 4300 年　湖北天门石家河遗址出土）

图 1-1-11　巨型带槽大石斧（新石器时代石家河文化时期　距今约 4300 年　湖北天门石家河遗址出土）

图 1-1-12　穿孔石刀（商　公元前 1600 年—前 1046 年　2017 年湖南常德石门宝塔遗址出土）

图 1-1-13　陶网坠（商　河南柘城心闷寺遗址出土　商丘博物馆藏）

图 1-1-14　战国嵌金丝铜距末（战国　1999 年湖南常德德山寨子岭出土　湖南博物院藏）

图 1-1-15　陶珠（战国　平顶山博物馆藏）

图 1-1-16　铜箭镞（战国　公元前 475—前 221 年　2009 年湖南常德出土）

图 1-1-17　铜飞镖（战国　公元前 425—前 221 年　2008 年湖南常德德山恒安纸业工地出土）

图 1-1-18　铜箭镞（战国　公元前 475—前 221 年　2009 年湖南常德出土）

图 1-1-19　陶弹丸（南阳市博物馆藏）

图 1-1-20　绞胎瓷球（宋　鹤壁市博物馆旧藏）

图 2-1-1　弋射图漆衣箱图（战国　湖北随州曾侯乙墓出土）

图 2-1-2　狩猎纹漆樽（战国　1952 年湖南长沙颜家岭楚墓出土　湖南博物院藏）

图 2-1-3　狩猎纹漆樽图案（战国　湖南长沙楚墓出土）

图 2-1-4　田猎纹绦图案（战国　湖北江陵马山 1 号墓出土）

图 2-1-5　漆瑟狩猎宴乐图案（战国　河南信阳长台关 2 号墓出土　湖北省博物馆藏）

图 2-1-6　武士斗兽纹青铜镜（秦　湖北云梦睡虎地秦墓出土　中国国家博物馆藏）

图 2-1-7　锥画狩猎纹漆妆奁（西汉　湖南长沙马王堆利豨墓出土）

图 2-1-8　仰射男俑（西汉　河南孟州出土　河南博物院藏）

图 2-1-9　骑马射箭俑（西汉　河南鹿邑长军古瓷博物馆藏）

图 2-1-10　绿釉狩猎纹陶壶（汉　1931 年河南灵宝阌底出土　河南博物院藏）

图 2-1-11　三彩狩猎图纹壶（唐　河南博物院藏）

图 2-1-12　架鹰胡人俑（唐　湖南湘阴出土　湖南博物院藏）

图 2-1-13　错金银狩猎纹铜镜（河南洛阳金村东周大墓出土　日本永青文库藏）

图 2-1-14　漆弓（战国　长 157 厘米　宽 3.5—4.5 厘米　1953 年湖南长沙月亮山 41 号墓出土　湖南博物院藏）

图 2-1-15　木弓（西汉　长 146 厘米　湖南长沙马王堆汉墓出土　湖南博物院藏）

图 2-1-16　木弓（西汉　湖南长沙马王堆汉墓出土）

图 2-1-17　竹弓（西汉　湖南长沙马王堆汉墓出土）

图 2-1-18　弓箭（西汉　湖南长沙马王堆汉墓出土）

图 2-1-19　矢箙、箭（西汉　湖南长沙马王堆汉墓出土）

图 2-1-20　矢箙、箭（西汉　1973 年湖南长沙马王堆汉墓出土　湖南博物院藏）

图 3-1-1　《击壤集》书影

图 3-2-1　铜鱼钩（西周　湖北武汉新洲

香炉山出土）

图 3-2-2　山水图垂钓（清　袁耀　纸本　宽 24.5 厘米　长 30.2 厘米　湖北省博物馆藏）

图 3-3-1　斜索戏车画像砖（东汉　陶质　残存长 62 厘米　宽 32 厘米　河南新野任营采集　河南博物院藏）

图 3-3-2　乐舞百戏图（河南唐河辛店汉墓出土）

图 3-3-3　倒立俑（东汉　1997 年河南洛阳偃师北窑出土　高 9.5 厘米　洛阳市文物局藏）

图 3-3-4　倒立俑（汉　红陶　高 10 厘米　河南济源轵城泗涧沟出土　河南博物院藏）

图 3-3-5　百戏俑（东汉　1992 年河南洛阳东北郊出土　高 6—10.5 厘米　洛阳市文物局藏）

图 3-3-6　百戏俑（东汉　1987 年河南洛阳涧西出土　高 6—12 厘米　洛阳市文物局藏）

图 3-3-7　百戏俑（1997 年河南洛阳偃师北窑出土　高 9.5—14.5 厘米　洛阳市文物局藏）

图 3-3-8　红陶倒立百戏俑（汉　河南济源轵城出土　河南博物院藏）

图 3-3-9　彩绘陶杂技俑（汉　1993 年河南洛阳苗南出土　洛阳博物馆藏）

图 3-3-10　灰陶倒立俑（汉　河南博物院藏）

图 3-3-11　彩绘陶百戏俑尊（东汉　河南洛阳七里河出土　高 24 厘米）

图 3-3-12　陶百戏俑（东汉　河南洛阳烧沟出土　高 15.9 厘米　河南博物院藏）

图 3-3-13　杂剧人物砖雕（北宋　一组 5 块　均长 37 厘米　宽 17 厘米　厚 4.3 厘米　1991 年 4 月河南焦作温县西关三街宋墓出土）

图 3-3-14　倒立木雕像（益阳市博物馆藏）

图 3-3-15　梅山神张五郎木雕像（清）

图 3-3-16　梅山神张五郎木雕像（清　征集）

图 3-3-17　梅山神张五郎木雕像（清　征集）

图 3-4-1　斗鸡汉代画像石（汉　河南长葛出土　河南博物院藏）

图 3-4-2　斗鸡纹拓片（汉　郑州博物馆藏）

图 3-4-3　斗鸡图（清　佚名　纸本墨笔　民间收藏）

图 3-5-1　投壶图（汉　画像砖　南阳汉画馆藏）

图 3-5-2　螭虎纹铜投壶（明　通高 50 厘米　口径 7.3 厘米　湖南博物院藏）

图 3-5-3　动物纹青铜投壶（明　通高 53 厘米　口径 8.2 厘米　湖南博物院藏）

图 3-6-1　婴戏图（清　焦秉贞　绢本　长 118.5 厘米　宽 28.5 厘米　湖北省博物馆藏）

图 3-8-1　骨笛（新石器时代　长 23.6 厘米　河南舞阳贾湖遗址出土　河南博物

图 3-8-2 舞蹈纹陶片（西周 长 4.2 厘米 宽 4 厘米 厚 0.4 厘米 1982 年湖南衡阳周子头古越遗址出土 衡阳市博物馆藏）

图 3-8-3 骨排箫出土现场图

图 3-8-4 骨排箫（西周 骨质 最长管 32.7 厘米 最短管 11.8 厘米 1997 年河南鹿邑太清宫长子口墓出土）

图 3-8-5 崇阳铜鼓（商 1977 年湖北崇阳出土 湖北省博物馆藏）

图 3-8-6 鄂侯铜编钟（西周 高 15.6—27.4 厘米 河南南阳新店夏响铺墓地出土 河南博物院藏）

图 3-8-7 编钟（东周 河南洛阳出土 洛阳博物馆藏）

图 3-8-8 郑国东周祭祀遗址编钟出土现场图

图 3-8-9 郑国祭祀青铜编钟（春秋 1996 年河南新郑郑国祭祀遗址出土 河南博物院藏）

图 3-8-10 编钟（汉 湖南博物院藏）

图 3-8-11 青铜编钟（战国 驻马店市博物馆藏）

图 3-8-12 青铜编钟（战国 平顶山博物馆藏）

图 3-8-13 彩绘石编磬（战国 全长 46.5 厘米 通高 17.6 厘米 厚 3.8 厘米 孔径 2.5 厘米 湖北江陵纪南城南郊采集 湖北省博物馆藏）

图 3-8-14 编磬（秦 湖北随州曾侯乙墓出土 通高 109 厘米 宽 215 厘米 湖北省博物馆藏）

图 3-8-15 编钟（秦 湖北随州云梦睡虎地出土 钟高 92.5 厘米 湖北省博物馆藏）

图 3-8-16 漆木建鼓（战国 湖北枣阳九连墩 1 号墓出土 通高 280.6 厘米 鼓身长 66.4 厘米 口径 56 厘米 湖北省博物馆藏）

图 3-8-17 陶埙（战国 高 4.3—7.3 厘米 1951 年河南辉县琉璃阁 150 号墓出土 河南博物院藏）

图 3-8-18 漆木琴（战国 通高 25 厘米 直径 2 厘米 湖北枣阳九连墩 2 号墓出土 湖北省博物馆藏）

图 3-8-19 人龙凤翔舞漆盾图（战国）

图 3-8-20 巫舞图案（战国 湖北随州曾侯乙墓出土）

图 3-8-21 曲裾袍舞女玉佩（战国 河南洛阳金村出土）

图 3-8-22 舞人动物纹锦（战国 湖北江陵马山出土）

图 3-8-23 漆绘木梳乐舞图（秦 湖北江陵出土）

图 3-8-24 瑟（西汉 湖南长沙马王堆出土 湖南博物院藏）

图 3-8-25 二十五弦瑟（西汉 湖南长沙马王堆汉墓出土 长 116 厘米 宽 39.5 厘米 高 10.8 厘米 湖南博物院藏）

图 3-8-26 木瑟（西汉 长 124.4 厘米 宽 41.6 厘米 通高 11.6 厘米 湖南长沙望城坡古坟坑一号墓出土 湖南博物院藏）

图 3-8-27　竽（西汉　湖南长沙马王堆汉墓出土　通长 78 厘米　竽斗径 10 厘米　竽嘴长 28 厘米　湖南博物院藏）

图 3-8-28　七弦琴（西汉　湖南长沙马王堆汉墓出土　长 81.5 厘米　宽 12—12.6 厘米　通高 13.3 厘米　湖南博物院藏）

图 3-8-29　彩绘舞蹈伎乐陶俑群（西汉　高 14.8—23.6 厘米　河南尉氏出土　河南博物院藏）

图 3-8-30　相和歌俑（西汉　河南济源轵城泗涧沟汉墓出土　河南博物院藏）

图 3-8-31　奏乐俑（西汉　1972 年湖南长沙马王堆汉墓出土　高 32.5—38 厘米　湖南博物院藏）

图 3-8-32　白玉舞人佩（西汉　长 4.6 厘米　宽 2.5 厘米　1986 年河南永城芒砀山汉墓出土　河南博物院藏）

图 3-8-33　乐舞画像石（西汉　长 160 厘米　高 40 厘米　南阳汉画馆藏）

图 3-8-34　踏鼓舞蹈彩绘陶俑（西汉　底座长 6.4 厘米　宽 5.8 厘米　高 15 厘米　许昌博物馆藏）

图 3-8-35　褐釉击掌陶俑（西汉　底座长 7 厘米　宽 6.5 厘米　高 14.5 厘米　许昌博物馆藏）

图 3-8-36　灰陶舞俑（西汉　河南济源轵城泗涧沟出土　河南博物院藏）

图 3-8-37　吹箫俑（东汉　1997 年河南洛阳偃师北窑出土　高 12.5 厘米　洛阳市文物局藏）

图 3-8-38　吹奏俑（东汉　1997 年河南洛阳偃师北窑出土　高 12.5 厘米　洛阳市文物局藏）

图 3-8-39　吹奏俑（东汉　1997 年河南洛阳偃师北窑出土　高 12 厘米　洛阳市文物局藏）

图 3-8-40　抚琴俑（东汉　1954 年河南洛阳出土　高 8.6 厘米　洛阳市文物局藏）

图 3-8-41　抚琴俑（东汉　1992 年河南洛阳东北郊出土　高 8 厘米　洛阳市文物局藏）

图 3-8-42　七盘女舞俑（东汉　1972 年河南洛阳涧西七里河出土　高 12.8 厘米　洛阳市文物局藏）

图 3-8-43　舞俑（东汉　1987 年河南洛阳涧西七里河出土　洛阳市文物局藏）

图 3-8-44　乐舞俑（汉　郑州博物馆藏）

图 3-8-45　乐舞俑（汉　河南济源出土）

图 3-8-46　舞乐百戏陶俑（汉　南阳市博物馆藏）

图 3-8-47　建鼓舞画像石（汉　南阳汉画馆藏）

图 3-8-48　拳勇、熊画像石（汉　南阳汉画馆藏）

图 3-8-49　舞乐画像石（汉　南阳汉画馆藏）

图 3-8-50　乐舞（汉　河南博物院藏）

图 3-8-51　许阿瞿观舞赏乐画像石（汉　南阳汉画馆藏）

图 3-8-52　汉代乐舞画像石（拓片）

（东汉　长 150 厘米　宽 42 厘米　1973 年河南南阳王寨出土　南阳汉画馆藏）

图 3-8-53　女子踏鼓舞（汉　河南郑州二里岗乐舞画像砖墓出土　河南博物院藏）

图 3-8-54　宴乐汉画像石（汉　长 189.4 厘米　宽 45.7 厘米　厚 30.5 厘米　商丘博物馆藏）

图 3-8-55　七人奏乐灯（东汉　1965 年湖南长沙五里牌 1 号墓出土　通高 13.6 厘米　灯盘口径 22 厘米　湖南博物院藏）

图 3-8-56　编钟（汉　河南博物院藏）

图 3-8-57　长袖曼舞图（汉　河南偃师高龙辛村汉墓出土　偃师商城博物馆藏）

图 3-8-58　乐舞百戏画像镜（东汉　南阳市博物馆藏）

图 3-8-59　双舞人玉（汉　长 4.6 厘米　宽 3.1 厘米　厚 0.3 厘米　1973 年河南永城芒山保安山出土　商丘博物馆藏）

图 3-8-60　青瓷对坐奏乐俑（晋　1958 年湖南长沙金盆岭晋墓出土　高 16.5 厘米　底座长 14.6 厘米　宽 6.8 厘米　湖南博物院藏）

图 3-8-61　马上伎乐俑（魏晋　郑州博物馆藏）

图 3-8-62　吹笙引凤画像砖（南朝　河南邓州出土　河南博物院藏）

图 3-8-63　女子双人对舞画像砖（北朝　河南邓州出土　河南博物院藏）

图 3-8-64　南山四皓画像砖（南朝　长 38 厘米　宽 19 厘米　厚 6 厘米　河南博物院藏）

图 3-8-65　彩绘吹箫女俑（北魏　1965 年河南洛阳老城东北元邵墓出土　高 12.3 厘米　洛阳市文物局藏）

图 3-8-66　砖座舞蹈人物青铜俑（南北朝　1983 年湖南津市孼龙岗南朝墓出土　高 27.5 厘米　湖南博物院藏）

图 3-8-67　彩绘吹箫俑（北魏　1990 年河南洛阳偃师南蔡庄出土　高 29.5 厘米　洛阳市文物局藏）

图 3-8-68　彩绘击鼓男俑（北魏　1965 年河南洛阳老城东北元邵墓出土　高 18.5 厘米　洛阳市文物局藏）

图 3-8-69　彩绘抚琴女俑（北魏　1965 年河南洛阳老城东北元邵墓出土　高 12.4 厘米　洛阳市文物局藏）

图 3-8-70　彩绘击乐俑（北魏　1965 年河南洛阳老城东北元邵墓出土　高 12.5 厘米　洛阳市文物局藏）

图 3-8-71　彩绘琵琶俑（北魏　1990 年河南洛阳偃师南蔡庄出土　高 12 厘米　洛阳市文物局藏）

图 3-8-72　彩绘骑马击鼓男俑（北魏　1965 年河南洛阳老城东北元邵墓出土　高 23.9 厘米　洛阳市文物局藏）

图 3-8-73　黄釉乐舞人物扁壶（北齐　高 20 厘米　宽 16.5 厘米　口径 6 厘米　郑州博物馆藏）

图 3-8-74　彩绘陶伎乐女俑（隋　高 17—19 厘米　1959 年河南安阳张盛墓出土　河南博物院藏）

图 3-8-75　伎乐女俑（隋　高 19.5 厘米　河南安阳出土　河南博物院藏）

图 3-8-76　奏乐（唐　河南博物院藏）

图 3-8-77　青釉伎乐俑（隋　共 9 件　高 21—21.5 厘米　底径 7—7.5 厘米　2008 年河南安阳龙安隋墓出土　安阳博物馆藏）

图 3-8-78　箜篌伎乐俑（高 21.5 厘米　底径 7 厘米）

图 3-8-79　持钹伎乐俑（高 21 厘米　底径 7 厘米）

图 3-8-80　排箫伎乐俑（高 21 厘米　底径 7 厘米）

图 3-8-81　箫伎乐俑（高 21 厘米　底径 7 厘米）

图 3-8-82　笙伎乐俑（高 21 厘米　底径 7 厘米）

图 3-8-83　笛伎乐俑（高 21.5 厘米　底径 7 厘米）

图 3-8-84　站立伎乐俑（高 21 厘米　底径 7.5 厘米）

图 3-8-85　舞俑 -1（高 21 厘米　底径 7 厘米）

图 3-8-86　舞俑 -2（高 21 厘米　底径 7 厘米）

图 3-8-87　捧鼓女侍俑（隋　荆门市博物馆藏）

图 3-8-88　绘彩伎乐俑（唐　高 13—17 厘米　1992 年 11 月河南巩义北窑湾唐墓出土　河南省文物考古研究院藏）

图 3-8-89　加彩舞人俑（唐　河南博物院藏）

图 3-8-90　舞俑（唐　洛阳博物馆藏）

图 3-8-91　胡人舞蹈俑（唐　木质　焦作市博物馆藏）

图 3-8-92　舞伎（唐　河南洛阳龙门石窟古阳洞出土）

图 3-8-93　舞伎（唐　河南洛阳龙门石窟极南洞出土）

图 3-8-94　舞伎（唐　河南洛阳龙门石窟万佛洞出土）

图 3-8-95　舞伎 -1（唐　河南洛阳龙门石窟出土）

图 3-8-96　舞伎 -2（唐　河南洛阳龙门石窟出土）

图 3-8-97　舞伎（唐　河南洛阳龙门石窟莲花洞出土）

图 3-8-98　彩绘伎乐俑 -1（唐　1995 年河南巩义站街王沟墓葬出土　巩义市博物馆藏）

图 3-8-99　彩绘伎乐俑 -2（唐　1995 年河南巩义站街王沟墓葬出土　巩义市博物馆藏）

图 3-8-100　彩绘伎乐俑 -3（唐　1995 年河南巩义站街王沟墓葬出土　巩义市博物馆藏）

图 3-8-101　岳州窑青瓷打钹伎乐俑（唐　高 19 厘米　1976 年湖南长沙西郊咸家湖小学一号墓出土　湖南博物院藏）

图 3-8-102　岳州窑青瓷弹箜篌伎乐俑（唐　高 17.7 厘米　1976 年湖南长沙西郊咸家

湖小学一号墓出土　湖南博物院藏）

图 3-8-103　岳州窑青瓷击鼓伎乐俑（唐　高 17.7 厘米　肩宽 5 厘米　1976 年湖南长沙西郊咸家湖小学一号墓出土　湖南博物院藏）

图 3-8-104　彩绘伎乐俑（唐　河南博物院藏）

图 3-8-105　彩绘伎乐俑（唐　河南洛阳孟津岑氏墓出土　洛阳博物馆藏）

图 3-8-106　褐彩舞人贴花壶（唐　湖南衡阳出土）

图 3-8-107　舞人砖雕（唐　河南安阳修定寺唐塔出土　高 54.6 厘米　宽 12.7 厘米　厚 9.5 厘米　美国旧金山亚洲艺术博物馆藏）

图 3-8-108　腰鼓砖雕（宋　开封市博物馆藏）

图 3-8-109　抚琴引凤镜（唐　直径 16 厘米　缘厚 0.6 厘米　1985 年 4 月河南信阳商城出土　河南博物院藏）

图 3-8-110　三乐镜（唐　三门峡博物馆藏）

图 3-8-111　七弦琴（唐　长 120.4 厘米　宽 20 厘米　湖南博物院藏）

图 3-8-112　石泉七弦琴（南宋　长 121 厘米　宽 19.2 厘米　厚 4 厘米　河南博物院藏）

图 3-8-113　伏羲式古琴（宋　长 123.0 厘米　宽 20.5 厘米　河南博物院藏）

图 3-8-114　列子式潞王琴（明　长 120.7 厘米　宽 18.5 厘米　新乡市博物馆藏）

图 3-8-115　蕉叶式"飞泉漱玉"琴（明　长 123 厘米　宽 20 厘米　河南博物院藏）

图 3-8-116　"大晟"编钟（宋　开封博物馆藏）

图 3-8-117　瓷塑童子弹琴（宋　民间收藏）

图 3-8-118　吹奏俑（宋　郑州博物馆藏）

图 3-8-119　吹奏图彩绘砖画（南朝　1958 年河南邓州出土）

图 3-8-120　散乐人物砖雕 -1（宋　长 37 厘米　宽 18 厘米　厚 4.3 厘米　1991 年河南焦作温县出土）

图 3-8-121　散乐人物砖雕 -2（宋　长 37 厘米　宽 18 厘米　厚 4.3 厘米　1991 年河南焦作温县出土）

图 3-8-122　散乐人物砖雕 -3（宋　长 37 厘米　宽 18 厘米　厚 4.3 厘米　1991 年河南焦作温县出土）

图 3-8-123　散乐人物砖雕 -4（宋　长 37 厘米　宽 18 厘米　厚 4.3 厘米　1991 年河南焦作温县出土）

图 3-8-124　散乐人物砖雕 -5（宋　长 37 厘米　宽 18 厘米　厚 4.3 厘米　1991 年河南焦作温县出土）

图 3-8-125　杂剧人物砖雕（宋金时期　河南洛宁小界出土）

图 3-8-126　散乐人物砖雕及拓片（宋　河南焦作温县前东南五村宋墓出土）

图 3-8-127　乐童砖雕（金　高 39 厘米　河南焦作西冯封出土）

图 3-9-1　人骑狮纹青瓷唾壶（西晋　湖北鄂州钢厂 630 工地 5 号墓出土）

图 3-10-1　三彩童子傀儡戏枕（宋　高 9.8—11 厘米　面长 48.5—48.8 厘米　面宽 17—18 厘米　底长 47.6 厘米　底宽 13.9 厘米　河南济源勋掌镇安寺出土　河南博物院藏）

图 3-10-2　婴戏图（局部）（清　湖北省博物馆藏）

图 3-10-3　婴戏图（局部）（清　湖北省博物馆藏）

图 4-1-1　漆奁上的车马出行图（战国　湖北省博物馆藏）

图 4-1-2　御龙图（战国　湖南长沙子弹库出土　湖南博物院藏）

图 4-1-3　车马游乐图（残片）（西汉　湖南长沙马王堆汉墓出土　高 68.7 厘米　宽 34.9 厘米　湖南博物院藏）

图 4-1-4　"上人马食大仓"砖（汉　长 45 厘米　宽 16 厘米　厚 8 厘米　许昌博物馆藏）

图 4-1-5　车马出行砖画（汉　河南荥阳王村镇苌村出土）

图 4-1-6　交战画像砖（汉　长 122.5 厘米　宽 33.5 厘米　厚 14 厘米　1987 年河南新野樊集出土　河南博物院藏）

图 4-1-7　车马出行图壁画（局部）（东汉　1991 年河南洛阳朱村东汉墓出土）

图 4-1-8　平索戏车车骑出行画像砖（东汉　河南新野樊集村征集　高 35.6 厘米　宽 105.5 厘米　中国国家博物馆藏）

图 4-1-9　车马出行图（东汉　河南洛阳朱村东汉墓出土）

图 4-1-10　车马铭文铜镜（东汉　直径 23.1 厘米　常德博物馆藏）

图 4-1-11　铜鸠车（东汉　河南南阳宗康墓出土）

图 4-1-12　青瓷骑马俑（西晋　湖南长沙金盆岭晋墓出土　湖南博物院藏）

图 4-1-13　青瓷持盾俑（西晋　湖南长沙金盆岭晋墓出土　湖南博物院藏）

图 4-1-14　三轮铜鸠车（西晋　洛阳博物馆藏）

图 4-1-15　出行图画像砖（南朝　长 36.6 厘米　宽 19.1 厘米　厚 6.3 厘米　1984 年湖北襄阳贾家冲墓出土　襄阳市博物馆藏）

图 4-1-16　出行图彩绘砖画（宋　1958 年河南邓州出土）

图 4-1-17　大驾卤薄图中的持弩骑兵（宋）

图 4-1-18　出行图彩绘砖画（宋　1958 年河南邓州出土）

图 4-1-19　仪仗俑（元　2007 年河南焦作中站区靳德茂墓出土　焦作市博物馆藏）

图 4-1-20　出行仪仗俑（元　焦作市博物馆藏）

图 4-2-1　大鼓蹴鞠画像石（汉　南阳汉画馆藏）

图 4-2-2　奏乐蹴鞠舞（东汉　高 170 厘米　宽 96 厘米　河南南阳出土　南阳汉画馆藏）

图 4-2-3　盘鼓舞画像砖（东汉　长 39 厘米　宽 40 厘米　厚 4.7 厘米　河南新野汉墓出土　河南博物院藏）

图 4-2-4　白釉黑彩蹴鞠图瓷枕（俯视图）（宋　长 29.5 厘米　宽 19.5 厘米　高 10.5 厘米　河南博物院藏）

图 4-2-5　蹴鞠纹铜镜（宋　青铜　直径 11 厘米　长沙收集）

图 4-2-6　宋太祖蹴鞠图（元　纵 110 厘米　横 79 厘米）

图 4-2-7　蹴鞠图（元　绢本设色　长 28.6 厘米　宽 56.3 厘米）

图 4-3-1　打马球女俑（唐　1976 年河南洛阳邙山徐村出土　洛阳博物馆藏）

图 4-3-2　彩绘骑马男俑（唐　1998 年河南洛阳偃师唐恭陵哀皇后墓出土　高 36 厘米　洛阳市文物局藏）

图 4-3-3　彩绘骑马男俑（唐　1998 年河南洛阳偃师唐恭陵哀皇后墓出土　高 36 厘米　洛阳市文物局藏）

图 4-3-4　仕女打马球俑（唐　河南洛阳王雄诞妻魏夫人墓出土　高 36—39 厘米　洛阳考古研究院藏）

图 4-3-5　马球图（元　绢本设色　纵 28.6 厘米　横 56.3 厘米　民间收藏）

图 4-4-1　驴鞠图

图 4-5-1　步打球图　青花塔形罐（唐　河南郑州上街唐墓出土　郑州市文物考古研究院藏）

图 4-6-1　捶丸（明　佚名　民间收藏）

图 4-7-1　水秋千（局部）（元　王振鹏《龙池竞渡图》）

图 4-8-1　独木舟（商　长 9.3 米　宽 0.8 米　高 0.6 米　2009 年河南信阳息县城郊徐庄张庄出土　信阳博物馆藏）

图 4-8-2　泗水捞鼎画像砖（西汉　高 34 厘米　宽 122 厘米　1985 年河南南阳新野樊集出土）

图 4-8-3　灰陶划船俑（汉　平顶山博物馆藏）

图 4-9-1　相扑（唐　民间收藏）

图 4-9-2　绿釉相扑俑（宋　河南博物院藏）

图 4-9-3　陶相扑俑（宋　高 6 厘米　河南博物院征集）

图 4-10-1　角抵图（局部）（东汉　壁画　长 200 厘米　宽 82 厘米　1961 年河南新密打虎亭出土）

图 4-11-1　跽坐人漆绘铜灯（战国　高 48.9 厘米　灯盘径 23.7 厘米　1975 年河南三门峡上村岭出土　河南博物院藏）

图 4-11-2　擎灯（汉　英国伦敦埃斯卡纳齐家族藏）

图 4-12-1　庭院画像砖拓片（汉　宽 45 厘米　高 120 厘米　河南郑州南关汉墓出土　河南博物院藏）

图 4-12-2　驯马（汉　湖南衡阳道子坪出土　湖南博物院藏）

图 4-12-3　三彩马及牵马胡俑（唐　马高 77.8 厘米　俑高 63 厘米　河南洛阳唐墓出土

河南博物院藏）

图 4-12-4　驯马彩绘陶俑（唐　高 35 厘米　马高 40 厘米　长 47 厘米　河南洛阳出土　洛阳博物馆藏）

图 4-12-5　导骑图（汉　高约 60 厘米　河南洛阳偃师杏园首阳山电厂出土　偃师商城博物馆藏）

图 4-12-6　骑马女彩绘俑（唐　河南洛阳偃师唐恭陵哀皇后墓出土　高 36 厘米　洛阳市文物局藏）

图 4-12-7　骑马女彩绘俑（唐　河南洛阳偃师唐恭陵哀皇后墓出土　高 38 厘米　洛阳市文物局藏）

图 4-12-8　骑马女彩绘俑（唐　河南洛阳偃师唐恭陵哀皇后墓出土　高 36 厘米　洛阳市文物局藏）

图 4-12-9　骑马男彩绘俑（唐　河南洛阳偃师唐恭陵哀皇后墓出土　高 35 厘米　洛阳市文物局藏）

图 4-12-10　骑马男彩绘俑（唐　河南洛阳偃师唐恭陵哀皇后墓出土　高 36 厘米　洛阳市文物局藏）

图 4-12-11　骑马女彩绘俑（唐　河南洛阳偃师唐恭陵哀皇后墓出土　高 35 厘米　洛阳市文物局藏）

图 4-12-12　骑马女彩绘俑（唐　河南洛阳偃师唐恭陵哀皇后墓出土　高 36 厘米　洛阳市文物局藏）

图 4-12-13　骑马女俑（唐　河南洛阳龙门东山安菩夫妇墓出土　洛阳博物馆藏）

图 4-12-14　骑马男俑（唐　河南洛阳关林唐墓出土　洛阳博物馆藏）

图 4-12-15　戴帽骑马女彩绘俑（唐　左俑通高 34.5 厘米　马高 22.3 厘米　马身长 31 厘米　底板 13.6 厘米×9.2 厘米×0.6 厘米　右俑通高 34 厘米　马高 22.3 厘米　马身长 30.3 厘米　底板 13.4 厘米×8 厘米×0.7 厘米　河南博物院藏）

图 4-12-16　马术竞技图（五代　赵严　绢本设色　民间收藏）

图 4-12-17　马术砖雕（金　郑州市华夏文化艺术博物馆藏）

图 4-12-18　人物木雕板（长 49 厘米　宽 14.5 厘米　张家界市博物馆藏）

图 5-1-1　骨镞（新石器时代　长 7.4 厘米　宽 1.3 厘米　湖北十堰郧西六官坪出土　十堰市博物馆藏）

图 5-1-2　石钺（新石器时代仰韶文化时期　长 11.5 厘米　宽 10.3 厘米　厚 1 厘米　2010 年河南南阳淅川下寨遗址出土　南阳市博物馆藏）

图 5-1-3　铜弩机（东汉　湖北武汉新洲三店出土）

图 5-1-4　玉璋（夏　1974 年河南偃师二里头遗址出土　洛阳博物馆藏）

图 5-1-5　玉钺（夏　河南偃师二里头遗址出土　偃师商城博物馆藏）

图 5-1-6　青铜钺（商）

图 5-1-7　青铜戣（商　湖北武汉黄陂盘龙城李家嘴 11 号墓出土）

图 5-1-8　玉戈（商）

图 5-1-9　玉戈（商）

图 5-1-10　石镞（商　长 11 厘米　宽 3.5 厘米　厚 2.2 厘米　商丘博物馆藏）

图 5-1-11　骨镞（商　长 7.4 厘米　宽 1.4 厘米　厚 0.6 厘米　河南柘城心闷寺遗址出土　商丘博物馆藏）

图 5-1-12　骨镞（商　长 9.1 厘米　宽 1.8 厘米　厚 0.7 厘米　河南柘城心闷寺遗址出土　商丘博物馆藏）

图 5-1-13　大玉戈（商）

图 5-1-14　"爰"字纹戈（商　通长 35.3 厘米　内长 11.8 厘米　援宽 5.1 厘米　河南安阳殷墟戚家庄 269 号墓出土　河南博物院藏）

图 5-1-15　玉戈（商　长 32 厘米　宽 6.5 厘米　1974 年河南新郑新村出土　河南博物院藏）

图 5-1-16　玉戈（商　安阳博物馆藏）

图 5-1-17　玉戈（商　长 48 厘米　1985 年河南洛宁陈吴西寨子出土　洛阳博物馆藏）

图 5-1-18　青铜钺（商）

图 5-1-19　铜钺（商　河南安阳殷墟郭家庄出土）

图 5-1-20　蟠螭纹铜钺（商　湖北武汉黄陂龙城遗址出土）

图 5-1-21　铜钺（商　河南安阳花园庄 54 号商代墓葬出土）

图 5-1-22　饕餮纹钺（商　通长 17 厘米　宽 15 厘米　河南郑州人民公园出土　河南博物院藏）

图 5-1-23　玉钺（商　河南洛阳吉利出土　洛阳博物馆藏）

图 5-1-24　雷纹弧刃直内铜钺（商　长 19.4 厘米　河南灵宝豫灵东桥出土　河南博物院藏）

图 5-1-25　漩涡纹戈（商　青铜兵器　通长 20.3 厘米　宽 7.2 厘米　河南郑州人民公园出土）

图 5-1-26　铜削（商　三门峡博物馆藏）

图 5-1-27　湘博虎钺（商　湖南博物院藏）

图 5-1-28　青铜象尊（商　湖北黄冈汝王城外丰衣出土）

图 5-1-29　兽面纹铜钺（商　通长 17 厘米　钺身宽 15 厘米　厚 1.2 厘米　河南郑州人民公园出土　河南博物院藏）

图 5-1-30　兽面纹戈（商　通长 22.2 厘米　宽 8.2 厘米　内长 5.8 厘米　内宽 5 厘米　河南安阳三家庄出土　河南博物院藏）

图 5-1-31　卷首铜刀（商末周初　长 23.6 厘米　宽 6.2 厘米　河南鹿邑太清宫长子口墓出土　河南省文物考古研究院藏）

图 5-1-32　朱良桥斧戟龙纹刀（商）

图 5-1-33　湘潭茶恩寺戈（商末周初　湘潭市博物馆藏）

图 5-1-34　应国匕首（西周　平顶山博物馆藏）

图 5-1-35　应国玉戈（西周　平顶山博物馆藏）

图 5-1-36 应国铜戈（西周 平顶山博物馆藏）

图 5-1-37 应国铜簇（西周 平顶山博物馆藏）

图 5-1-38 铜镞（西周 湖北武汉新洲香炉山出土）

图 5-1-39 玉柄铁剑（西周 通长 34.2 厘米 柄长 12.2 厘米 剑身长 22 厘米 叶宽 3.8 厘米 剑颈最大直径 1.8 厘米 河南三门峡出土 河南博物院藏）

图 5-1-40 "越王勾践"青铜剑（春秋 湖北荆州江陵望山 1 号墓出土 湖北省博物馆藏）

图 5-1-41 宽脊薄格剑（春秋 通长 40.8 厘米 宽 3.6 厘米 河南光山黄季佗父墓出土）

图 5-1-42 嵌绿松石铜剑（春秋 通长 41.3 厘米 河南固始出土 河南博物院藏）

图 5-1-43 吴王夫差矛（春秋 湖北荆州江陵马山 5 号墓出土）

图 5-1-44 玉钺（春秋 长 15.4 厘米 上宽 4.0 厘米 下宽 6.3 厘米 厚 0.8 厘米 河南光山宝相寺黄季佗父墓出土 河南博物院藏）

图 5-1-45 异形铜镞（春秋 南阳市博物馆藏）

图 5-1-46 带铤三棱镞（春秋 长 16 厘米 许昌博物馆藏）

图 5-1-47 三翼镞（春秋 残长 5.1 厘米 河南辉县琉璃阁甲墓出土 河南博物院藏）

图 5-1-48 铜矛（春秋 三门峡博物馆藏）

图 5-1-49 直内戈（春秋 长 20 厘米 许昌博物馆藏）

图 5-1-50 周王孙季怡青铜戈（春秋 湖北随州季氏梁墓出土）

图 5-1-51 长子令戈（春秋 三门峡博物馆藏）

图 5-1-52 楚王孙渔戟（春秋 湖北江陵长湖南出土）

图 5-1-53 短矛（战国 湖北随州曾侯乙墓出土）

图 5-1-54 青铜殳（战国 湖北随州曾侯乙墓出土）

图 5-1-55 彩绘龙凤纹漆盾（战国 长 46.8 厘米 宽 34 厘米 湖北荆门包山 2 号墓出土 湖北省博物馆藏）

图 5-1-56 戈（秦 长 19.7 厘米 宽 10.4 厘米 河南南阳淅川老城裴岭墓群出土 南阳市博物馆藏）

图 5-1-57 青铜戟（战国 湖北随州曾侯乙墓出土）

图 5-1-58 铜戈（战国 湖北武汉新洲柳子岗出土）

图 5-1-59 铜戈（战国 湖北武汉新洲李集出土）

图 5-1-60 铭文铜戈（战国 湖北武汉新洲柳子岗出土）

图 5-1-61 错金鸟书铜戈（战国 平顶山博物馆藏）

图 5-1-62 戈（战国 湖北荆州江陵望山

4 号墓出土)

图 5-1-63 铜戈（战国 长 34 厘米 宽 14 厘米 河南南阳淅川徐家岭墓地出土 南阳市博物馆藏）

图 5-1-64 带柄铜戈（战国 湖北武汉蔡甸沌口出土）

图 5-1-65 楚公蒙秉戈（战国 湖南博物院藏）

图 5-1-66 铜戈（战国 平顶山博物馆藏）

图 5-1-67 长援铜戟（战国 湖北江陵雨台山 264 号墓出土）

图 5-1-68 双戈铜戟（战国 湖北武汉新洲李集出土）

图 5-1-69 多戈戟（驻马店市博物馆藏）

图 5-1-70 长援铜戟（战国 湖北江陵雨台山 264 号墓出土）

图 5-1-71 青铜戟（战国 湖北随州曾侯乙墓出土）

图 5-1-72 错金铭文剑（战国 平顶山博物馆藏）

图 5-1-73 带鞘铜剑（战国 湖北武汉蔡甸沌口出土）

图 5-1-74 青铜剑（战国 平顶山博物馆藏）

图 5-1-75 三箍铜剑（战国 长 32.8 厘米 宽 3.6 厘米 许昌博物馆藏）

图 5-1-76 错金越王剑（周口市博物馆藏）

图 5-1-77 铜剑（战国 平顶山博物馆藏）

图 5-1-78 铜剑（战国 三门峡博物馆藏）

图 5-1-79 铜剑、漆木鞘（战国 湖北武汉蔡甸沌口出土）

图 5-1-80 剑盒、剑鞘（战国 盒长 64 厘米 宽 6.4 厘米 高 10.8 厘米 鞘长 42.7 厘米 宽 4.2 厘米 荆州江陵雨台山 6 号墓出土 湖北省博物馆藏）

图 5-1-81 战国复合剑（南阳市博物馆藏）

图 5-1-82 持剑武士木俑（战国 通高 52.3 厘米 头高 9.3 厘米 肩宽 12 厘米 剑长 30.4 厘米 宽 2.5 厘米 湖南博物院藏）

图 5-1-83 双矢并射连发弩机（战国 湖北荆州秦家嘴出土）

图 5-1-84 铜镞（战国 湖北武汉蔡甸沌口出土）

图 5-1-85 铜镞（战国 湖北荆州望山 1 号墓出土）

图 5-1-86 箭镞（战国 湖北荆州望山 2 号墓出土）

图 5-1-87 无锋刃箭镞（战国 湖北荆州望山 1 号墓出土）

图 5-1-88 甲胄（战国 湖北随州曾侯乙墓出土 湖北省博物馆藏）

图 5-1-89 大武铜戚（正反面）（战国 湖北荆门车桥出土）

图 5-1-90 双虎食人铜钺（商 河南安阳殷墟小屯妇好墓出土）

图 5-1-91　鋬弧刃钺（湖南博物院藏）

图 5-1-92　石钺（长 17.8 厘米　宽 10.1 厘米　厚 1.1 厘米　河南南阳淅川下寨遗址出土　南阳市博物馆藏）

图 5-1-93　车轮上的青铜刀（战国　湖北随州曾侯乙墓出土　湖北省博物馆藏）

图 5-1-94　高砂脊凤首刀（湖南省文物考古研究所藏）

图 5-1-95　铜矛（战国　平顶山博物馆藏）

图 5-1-96　铜矛（战国　湖北武汉蔡甸沌口出土）

图 5-1-97　铜镦（战国　湖北武汉蔡甸沌口出土）

图 5-1-98　编钟上的武士形象（战国　湖北随州曾侯乙墓出土　湖北省博物馆藏）

图 5-1-99　漆盾（正反面）（战国　长 91 厘米　宽 49 厘米　湖北荆门包山 2 号墓出土　湖北省博物馆藏）

图 5-1-100　漆木弩（战国　通长 53.1 厘米　高 18.4 厘米　厚 7.1 厘米　湖北枣阳九连墩 2 号墓出土　湖北省博物馆藏）

图 5-1-101　素面铜胄（战国　长 22 厘米　高 19.5 厘米　宽 19 厘米　河南博物院藏）

图 5-1-102　铜弩机（湖南长沙黄泥塘三号西晋墓出土）

图 5-1-103　持刀操盾俑（湖南长沙金盆岭晋墓出土）

图 5-1-104　武士俑（西晋　高 66 厘米　河南洛阳偃师顾县出土　洛阳市文物局藏）

图 5-1-105　武士俑（西晋　高 35.5 厘米　河南洛阳孟津送庄出土　洛阳市文物局藏）

图 5-1-106　武士俑（西晋　高 35 厘米　河南洛阳宜阳出土　洛阳市文物局藏）

图 5-1-107　执盾武士俑（西晋　高 35.5 厘米　河南洛阳嵩县库区出土　洛阳市文物局藏）

图 5-1-108　执盾武士俑（西晋　高 45 厘米　河南洛阳偃师高龙出土　洛阳市文物局藏）

图 5-1-109　执盾武士俑（西晋　高 40.5 厘米　河南洛阳出土　洛阳市文物局藏）

图 5-1-110　执盾武士俑（西晋　高 45 厘米　河南洛阳偃师高龙出土　洛阳市文物局藏）

图 5-1-111　彩绘武士画像砖（南朝　长 38 厘米　宽 19 厘米　厚 6 厘米　河南邓州出土　南阳市博物馆藏）

图 5-1-112　青釉武士俑（北朝　高 58.3 厘米　河南洛阳出土　洛阳市文物局藏）

图 5-1-113　灰陶武士俑（北朝　三门峡博物馆藏）

图 5-1-114　武士俑（南北朝　高 27.8 厘米　河南洛阳出土　洛阳博物馆藏）

图 5-1-115　兵器架（西汉　高 89 厘米　宽 35 厘米　1973 年湖南长沙马王堆汉墓出土　湖南博物院藏）

图 5-1-116　错金铜弩机（西汉　湖南长沙马王堆利苍墓出土）

图 5-1-117　二桃杀三士画像石（汉　长

110 厘米　宽 41.5 厘米　河南博物院藏）

图 5-1-118　角质长剑（西汉　湖南长沙马王堆利豨墓出土）

图 5-1-119　角质剑（西汉　湖南长沙马王堆利豨墓出土）

图 5-1-120　角质矛（西汉　湖南长沙马王堆出土）

图 5-1-121　螭龙纹玉剑格（汉　高 1.8 厘米　宽 4.8 厘米　厚 2 厘米　许昌博物馆藏）

图 5-1-122　彩绘陶武士俑（西汉　高 48 厘米　陕西咸阳出土　河南博物院藏）

图 5-1-123　彩绘漆弩及错金铜弩机（西汉　湖南长沙马王堆汉墓出土）

图 5-1-124　铜弩机（西汉　焦作市博物馆藏）

图 5-1-125　锥画漆弩机（西汉　湖南长沙马王堆汉墓出土　长 70 厘米　湖南博物院藏）

图 5-1-126　铜弩机（汉　长 19.8 厘米　许昌博物馆藏）

图 5-1-127　铜弩机（东汉　湖北武汉新洲三店出土）

图 5-1-128　铜弩机（三国　长 19 厘米　通高 21 厘米　厚 3.1 厘米　南阳市博物馆藏）

图 5-1-129　东汉环首铜刀（东汉　该环首刀长 86 厘米　刃宽 2.4—2.8 厘米　背厚 0.8 厘米　襄阳市博物馆藏）

图 5-1-130　鎏金铜龙首柄（东汉　河南洛阳偃师寇店西朱出土　洛阳博物馆藏）

图 5-1-131　青瓷执盾俑（三国　通高 28.9 厘米　盾高 18.2 厘米　湖北武汉黄陂滠口出土　武汉博物馆藏）

图 5-1-132　彩绘铠甲武士俑（河南洛阳偃师寨后出土）

图 5-1-133　彩绘铠马武士俑（北魏　高 17.8 厘米　河南洛阳偃师南蔡庄出土　洛阳市文物局藏）

图 5-1-134　彩绘铠马武士俑（北魏　残高 15 厘米　河南洛阳偃师南蔡庄出土　洛阳市文物局藏）

图 5-1-135　彩绘武士俑（北魏　高 23.5 厘米　河南洛阳出土　洛阳市文物局藏）

图 5-1-136　彩绘执盾武士俑（北魏　高 24 厘米　河南洛阳出土　洛阳市文物局藏）

图 5-1-137　彩绘陶武士俑（北齐　河南濮阳柳屯李亨墓出土　濮阳市博物馆藏）

图 5-1-138　彩绘陶按盾武士俑（北齐　高 55 厘米　河南濮阳柳屯李亨墓出土　濮阳市博物馆藏）

图 5-1-139　彩绘武士俑（北魏　高 17 厘米　河南洛阳偃师南蔡庄出土　洛阳市文物局藏）

图 5-1-140　彩绘执盾武士俑（北魏　高 19 厘米　河南洛阳老城东北元邵墓出土　洛阳市文物局藏）

图 5-1-141　彩绘执盾武士俑（北魏　高 29 厘米　河南洛阳偃师南蔡庄出土　洛阳市文物局藏）

图 5-1-142　彩绘执盾武士俑（北魏　高 17.1 厘米　河南洛阳偃师南蔡庄出土　洛阳市

文物局藏）

图 5-1-143　彩绘执盾武士俑（北魏　高 38.5 厘米　河南洛阳偃师寨后出土　洛阳市文物局藏）

图 5-1-144　白釉瓷武士俑（隋　高 73 厘米　河南安阳张盛墓出土　河南博物院藏）

图 5-1-145　白釉武士俑（隋　高 72 厘米　河南安阳张盛墓出土）

图 5-1-146　剑（局部）（隋　河南洛阳邙山出土　美国大都会艺术博物馆藏）

图 5-1-147　武艺砖画（汉　洛阳博物馆藏）

图 5-1-148　彩绘武士俑（唐　高 43 厘米　河南洛阳偃师北窑出土　洛阳市文物局藏）

图 5-1-149　持刀陶俑（唐　通高 40.5 厘米　座高 11.2 厘米　底径 10.9 厘米　湖南长沙高塘岭长沙轴承厂出土　长沙市博物馆藏）

图 5-1-150　胡人功架图（唐　河南博物院藏）

图 5-1-151　青釉持刀胡人瓷俑（唐　通高 27.1 厘米　宽 7.2 厘米　长沙市博物馆藏）

图 5-1-152　持刀陶俑（唐　湖北武汉武昌吴家湾出土）

图 5-1-153　持刀陶俑（唐　湖北武汉武昌吴家湾出土）

图 5-1-154　唐三彩人物俑（唐　平顶山博物馆藏）

图 5-1-155　武士砖雕（北宋　河南博物院藏）

图 5-1-156　男石俑（北宋　分别高 44 厘米　43.5 厘米　河南方城金汤寨出土　河南博物院藏）

图 5-1-157　画像砖上的武术图（宋　河南邓州出土）

图 5-1-158　红陶武士俑（明　平顶山博物馆藏）

图 5-1-159　飞剑图（明　美国大都会艺术博物馆藏）

图 5-1-160　铁炮（清　湖北武汉汉阳南岸嘴出土）

图 6-1-1　琉璃珠（战国　湖北荆州江陵九店 294 号墓出土　湖北省博物馆藏）

图 6-1-2　博具（秦　湖北随州云梦睡虎地 11 号秦墓出土　湖北省博物馆藏）

图 6-1-3　六博宴饮图（汉　河南偃师高龙辛村西南汉墓出土　高 89 厘米　宽 27 厘米　偃师商城博物馆藏）

图 6-1-4　六博瓷俑（汉　河南郑州大象陶瓷博物馆藏）

图 6-1-5　十八面茕（西汉　径 4.5 厘米　湖南长沙马王堆汉墓出土　湖南博物院藏）

图 6-1-6　博具（西汉　湖南长沙马王堆汉墓出土　湖南博物院藏）

图 6-1-7　博局盘（西汉　边长 43.2 厘米　高 4 厘米　湖南长沙望城坡渔阳墓出土　湖南博物院藏）

图 6-1-8　白釉瓷围棋盘（隋　高 4 厘米　边长 10 厘米　河南安阳张盛墓出土　河南博物院藏）

图 6-1-9　瓷围棋盘（唐）

图 6-1-10 六博图（汉 长 172 厘米 宽 37 厘米 厚 30 厘米 南阳汉画馆藏）

图 6-1-11 绿釉陶六博俑（东汉 河南灵宝张湾 3 号墓出土 高 24.2 厘米 河南博物院藏）

图 6-1-12 龙虎博局纹铜镜（西汉 平顶山博物馆藏）

图 6-1-13 鎏金博局纹铜镜（西汉 直径 13.8 厘米 湖南长沙杨家山 304 号墓出土 湖南博物院藏）

图 6-1-14 博局纹铜镜（汉 平顶山博物馆藏）

图 6-1-15 尚方禽鸟博局纹镜（东汉 直径 13.8 厘米 河南博物院藏）

图 6-1-16 鎏金博局纹铜镜（东汉 直径 20.8 厘米 湖南长沙小吴门 2 号墓出土 湖南博物院藏）

图 6-1-17 鸟兽博局纹铜镜（东汉 直径 16.4 厘米 河南夏邑胡桥征集 商丘博物馆藏）

图 6-1-18 宋王质观弈铜镜（宋 直径 11.5 厘米 边厚 0.4 厘米 湖南博物院藏）

图 6-1-19 弈棋砖雕（砖长 2.4 厘米 宽 2.8 厘米 厚 0.4 厘米 洛阳博物馆藏）

图 6-1-20 白瓷亭台弈棋枕（唐 湖北黄梅出土 高 11.8 厘米 宽 16.6 厘米 底径 13.5 厘米 湖北省博物馆藏）

图 6-1-21 对弈图瓷瓶（宋 民间收藏）

图 6-1-22 选仙钱（北宋 民间收藏）

图 6-1-23 青白瓷棋子（宋 象棋子径 2.7 厘米 厚 0.4 厘米 围棋子径 1.4—2 厘米 厚 0.4 厘米 湖北巴东旧县坪遗址出土 湖北省博物馆藏）

图 6-1-24 象棋子（宋 河南博物院藏）

图 6-1-25 扛牌人物砖雕（元 高 33.5 厘米 河南焦作西冯封出土 河南博物院藏）

图 6-1-26 白地黑花侍女对弈图长方形枕（元 河南郑州商城遗址出土）

图 6-1-27 弈棋（明 佚名 绢本设色 湖南博物院藏）

图 6-1-28 青花弈棋簋形香炉（明 高 12 厘米 口径 16 厘米 底径 12.8 厘米 湖北武汉江夏流芳墓地出土 武汉博物馆藏）

图 6-1-29 棋乐图（局部）（明 河南博物院藏）

图 6-1-30 任又亭对弈图（清 横 33 厘米 纵 17 厘米 湖南博物院藏）

图 6-1-31 婴戏图（局部）（清 湖北省博物馆藏）

图 7-1-1 巫简（战国 湖北荆州出土 清华大学藏）

图 7-1-2 兵法（秦 长沙简牍博物馆藏）

图 7-1-3 斗殴（秦简 湖北随州云梦睡虎地出土 湖北省简牍中心藏）

图 7-1-4 医简《杂禁方》（局部）（西汉 湖南长沙马王堆汉墓出土）

图 7-1-5 医简《养生方》（局部）（西汉 湖南长沙马王堆汉墓出土 湖南博物院藏）

图 7-1-6 医简《合阴阳》（西汉 湖南长沙马王堆汉墓出土）

图 7-1-7 医简《十问》(西汉 湖南长沙马王堆汉墓出土)

图 7-1-8 医简《天下至道谈》(西汉 湖南长沙马王堆汉墓出土)

图 8-1-1 帛书《五十二病方》(局部)(西汉 湖南长沙马王堆汉墓出土)

图 8-1-2 帛书《疗射工毒方》(局部)(西汉 湖南长沙马王堆汉墓出土)

图 8-1-3 帛书《养生方》(局部)(西汉 湖南长沙马王堆汉墓出土)

图 8-1-4 帛书《胎产书》(局部)(西汉 湖南长沙马王堆汉墓出土)

图 8-1-5 医书《足臂十一脉灸经》(局部)(西汉 湖南长沙马王堆出土)

图 8-1-6 帛书《杂禁方》(局部)(西汉 湖南长沙马王堆汉墓出土 湖南博物院藏)

图 8-1-7 帛书《脉法》(局部)(西汉 湖南长沙马王堆汉墓出土 湖南博物院藏)

图 8-1-8 帛书《阴阳十一脉灸经》(局部)(西汉 湖南长沙马王堆汉墓出土 湖南博物院藏)

图 8-1-9 帛书《足臂十一脉灸经》(局部)(西汉 湖南长沙马王堆汉墓出土 湖南博物院藏)

图 8-1-10 帛书《阴阳十一脉灸经》(局部)(西汉 湖南长沙马王堆汉墓出土 湖南博物院藏)

图 8-1-11 帛画《导引图》(西汉 湖南长沙马王堆汉墓出土 湖南博物院藏)

图 8-1-12 四神云气图壁画(西汉 长 5.1 厘米 宽 3.3 厘米 河南永城芒砀山柿园汉墓出土 河南博物院藏)

图 8-1-13 云气图(西汉 河南永城出土 河南博物院藏)

图 8-1-14 行乐图(西汉 长 68.7 厘米 宽 34.9 厘米 1973 年湖南长沙马王堆汉墓出土 湖南博物院藏)

图 8-1-15 太一祝图(西汉 湖南长沙马王堆汉墓出土)

图 8-1-16 龟咽鹤息气功纹铜镜(宋 湖南博物院藏)

图 8-1-17 青花人物罐(清 高 12.7 厘米 口径 3.4 厘米 底径 5.2 厘米 商丘博物馆藏)

主要参考书目

[1]（东汉）王充；陈蒲清点校. 论衡[M]. 长沙：岳麓书社，2006.

[2] 杨泓. 中国古兵与美术考古论集[M]. 北京：文物出版社，2007.

[3] 裘锡圭. 长沙马王堆汉墓简帛集成[M]. 北京：中华书局，2014.

[4] 湖南省文物考古研究所. 洪江高庙[M]. 北京：科学出版社，2022.

[5] 唐圭璋. 全宋词[M]. 北京：中华书局，1965.

[6] 谷世权. 中国体育史[M]. 北京：北京体育大学出版社，1997.

[7]（南朝）宗懔；宋金龙校注. 荆楚岁时记[M]. 武汉：湖北人民出版社，1985.

[8] 陈松长. 马王堆帛书研究[M]. 北京：商务印书馆，2021.

[9]（宋）李昉. 太平广记[M]. 长沙：岳麓书社，1996.

[10] 涂睿明. 古瓷之光[M]. 长沙：湖南美术出版社，2021.

[11] 谷世权. 中国体育史[M]. 北京：北京体育大学出版社，1997.

[12] 沙家樾. 定窑瓷器探索与鉴赏[M]. 长沙：湖南美术出版社，2017.

[13] 湖北省文物考古研究所，湖北省博物馆，北京大学考古文博学院. 武昌隋唐墓[M]. 上海：上海古籍出版社，2021.

[14] 王世襄. 中国古代漆器[M]. 北京：文物出版社，1987.

[15] 重庆市文化遗产研究院等. 湖北省长阳土家族自治县博物馆馆藏金属文物保护修复报告[R]. 北京：科学出版社，2016.

[16] 彭放，李奇. 湖北省国有博物馆馆藏陶瓷文物保护及活化研究[M]. 武汉：武汉理工大学出版，2020.

[17] 湖北省博物馆. 湖北出土文物精粹

[M].北京：文物出版社，2006.

[18] 湖北省博物馆.金相玉映—湖北省博物馆藏金玉器[M].北京：文物出版社，2019.

[19] 刘辉.孝感叶家庙[M].北京：科学出版社，2016.

[20] 马雍.西域史地文物丛考[M].北京：文物出版社，1990.

[21] 徐永昌.文物与体育[M].北京：东方出版社，2000.

[22] 中国古陶瓷学会等.唐三彩窑研究[M].北京：科学出版社，2021.

[23] 陈建明.湖南出土帛画研究[M].长沙：岳麓书社，2013.

[24] [25] 周芜.中国版画史图录[M].上海：上海人民美术出版社，1988.

[26] 孟华平.天门龙嘴[M].北京：科学出版社，2015.

[27] 河南博物院.丝绸之路与中原[M].北京：文物出版社，2018.

[28] 河南省文物考古研究院，宝丰汝窑博物馆.梦韵天青[M].郑州：大象出版社，2017.

[29] 郑州市文物考古研究院，张松林，廖永民.河南唐代白釉彩瓷[M].北京：科学出版社，2008.

[30] 河南省文物局，河南博物院.华夏文明之源——河南文物珍宝展[M].北京：文物出版社，2019.

[31] 陈爱兰.河南省南水北调工程考古发掘出土文物集萃（一）[M].北京：文物出版社，2009.

[32] 河南省文物考古研究院，宝丰汝窑博物馆.宝丰清凉寺窑[M].北京:科学出版社，2020.

[33] 林晓平，刘芳.河南博物院——天下之中的文明记忆[M].西安：西安出版社，2019.

[34] 张得水.天地之中——嵩山地区的文化观念[M].北京：文物出版社，2018.

[35] 河南省文物考古研究所.岁月记忆[M].郑州：大象出版社，2012.

[36] 蒋英炬，杨爱国.汉代画像石与画像砖[M].北京：文物出版社，2001.

[37] 中国文物精华编辑委员会.中国文物精华[M].北京：文物出版社，1997.

[38] 孙麒麟，毛丽娟，李重申.从长安到雅典——丝绸之路古代体育文化[M].兰州：甘肃教育出版社，2017.

[39] 刘朴.汉画像石中的体育活动研究[M].北京：人民出版社，2009.

[40] 武汉大学简帛研究中心，湖北省博物馆，湖北省文物考古研.秦简牍合集[M].武汉：武汉大学出版社，2014.

[41] 河南省文物局，河南省文物考古研究院，郑州博物馆.追迹文明——新中国河南考古七十年（全2册）[M].北京：科学出版社，2021.

后　记

本书系 2015 年度国家社会科学基金重大项目《中国古代体育文物调查与数据库建设》（项目号：15ZDB146）的子课题——华中卷的研究成果。

本课题自 2015 年 11 月 5 日立项以来，在首席专家毛丽娟教授的指导下，组成了由易国忠、王泽湘、尹碧昌、林劲杨、姜磊、戴建波、安宏等教师参与的课题组。课题组成员先后赴湖南、湖北、河南各地的博物馆、考古研究所、古墓群和遗址等，对相关体育资料进行了全面系统的搜集和调查，并在学校图书馆，在各省市图书馆查阅有关体育的文献资料，进行整理、分类；同时，借鉴历史学、考古学、社会学、人类学等学科的研究方法对课题开展了跨学科的研究，尤其注重历史、文化通观层面的研究。

本卷汇集了课题组成员在结束考察后所积累的大量体育图像资料。图像资料虽然因文物的缺失或研究的不足而缺乏文字说明，但却可以与文献相互印证，或补充文献记载的不足，一定意义上，具有文字不可替代的优势。这些图片是对当时体育活动的实际记载，具有高度的写实性和史料价值，可极大的方便研究者利用形象资料对湖南、湖北、河南所遗存的体育文物进行深入的研究。

对从事体育教学的教师而言，进行体育文物研究，是名副其实的"跨学科"。要对体育文物能正确认识并恰如其分地解读它们，需要足够的文献佐证。可以说，文献与文物相互参证，是体育文物研究中的不二法门。

本书的完成，得到了上海体育学院及课题组成员所属单位的大力支持。在本书出版之际，特别感谢李重申先生的悉心指导，感谢甘肃教育出版社孙宝岩副总经理、版式设计周佩玲女士，感谢他们为本书的出版付出的辛劳与智慧。

拙著定有许多不足，尚祈读者鉴囿，并不吝批评和指正。